MARKETING PROMOCIONAL

Um olhar descomplicado

Dados Internacionais de Catalogação na Publicação (CIP)
(Câmara Brasileira do Livro, SP, Brasil)

Marketing promocional : um olhar descomplicado /
João Riva... [et al.]. -- São Paulo : Cengage Learning,
2013.

Outros autores: Fabio Eloi, Kito Mansano, Luciano
Bonetti, Mônica Schiaschio, Teka Santovito.
Bibliografia.
ISBN 978-85-221-1289-0

1. Marketing 2. Merchandising 3. Vendas - Promoção
I. Riva, João. II. Eloi, Fabio. III. Mansano, Kito. IV.
Bonetti, Luciano. V. Schiaschio, Mônica. VI. Santovito,
Teka.

13-02308   CDD-658.8

Índice para catálogo sistemático:

1. Marketing promocional : Administração
mercadológica   658.8

João Riva
Fabio Eloi
Kito Mansano
Luciano Bonetti
Mônica Schiaschio
Teka Santovito

MARKETING PROMOCIONAL

Um olhar descomplicado

CENGAGE
Learning·

Austrália • Brasil • Japão • Coreia • México • Cingapura • Espanha • Reino Unido • Estados Unidos

CENGAGE
Learning®

**Marketing Promocional
(Um olhar descomplicado)**

João Riva, Fabio Eloi, Kito Mansano, Luciano Bonetti, Mônica Schiaschio, Teka Santovito

Gerente editorial: Patricia La Rosa

Supervisora editorial: Noelma Brocanelli

Supervisora de produção gráfica: Fabiana Alencar Albuquerque

Editora de desenvolvimento: Viviane Akemi Uemura

Copidesque: Maria Dolores D. Sierra Mata

Revisão: Norma Gusukuma

Diagramação: PC Editorial Ltda.

Projeto gráfico e capa: Lafaiete Davelli

Pesquisa iconográfica: Ana Parra

Editora de direitos de aquisição e iconografia: Vivian Rosa

Analista de conteúdo e pesquisa: Milene Uara

Para informações sobre nossos produtos, entre em contato pelo telefone **0800 11 19 39**

Para permissão de uso de material desta obra, envie seu pedido para **direitosautorais@cengage.com**

ISBN-13: 978-85-221-1289-0
ISBN-10: 85-221-1289-4

Cengage Learning
Condomínio E-Business Park
Rua Werner Siemens, 111 – Prédio 20 – Espaço 04
Lapa de Baixo – CEP 05069-900 – São Paulo – SP
Tel.: (11) 3665-9900 – Fax: (11) 3665-9901
SAC: 0800 11 19 39

Para suas soluções de curso e aprendizado, visite
www.cengage.com.br

Impresso no Brasil.
Printed in Brazil.
1 2 3 4 5 6 7   16 15 14 13 12

SUMÁRIO

PREFÁCIO

Descobrir como pensa o consumidor é um interminável desafio para as corporações no mundo contemporâneo. Para tanto, os investimentos em estudos de mercado desenvolvidos para entender os seus hábitos e costumes crescem a cada dia. As ferramentas para conhecer o consumidor tornam-se cada vez mais sofisticadas, e os institutos de pesquisa desenvolvem metodologias próprias para prever como será o consumidor do futuro.

Descobrir a tendência, em termos do consumo, traz vantagens no desenvolvimento de novos produtos em diversas categorias de mercado. Os estudos para esse fim já utilizam recursos da neurociência, que investiga como o cérebro registra as informações captadas pelo consumidor. Ferramentais de pesquisa com essa finalidade auxiliam no processo de conhecimento do mercado e no comportamento do consumidor no ponto de venda.

A necessidade da eficiência na comunicação e a busca por resultados positivos nas vendas, visando garantir a sobrevivência de uma marca no mercado, desafiam constantemente as corporações. A decisão de compra se dá, principalmente, no ponto de venda, e saber qual a melhor forma da marca interagir com o seu consumidor é fundamental e, para isso, é necessário compreender como ele pensa, age e interage no ato da compra.

Há um esforço contínuo das marcas no desenvolvimento de ações impactantes para o ponto de venda e de como se aproximar de seus consumidores e, para tal, precisam entender como fazer isso de maneira eficaz e com a otimização dos recursos para alcançar tais objetivos. A partir desse entendimento apresentamos o livro *Marketing Promocional – Um olhar descomplicado*.

Trata-se de um verdadeiro tratado sobre as principais estratégias trabalhadas para o ponto de venda. Os autores, profissionais de mercado, ao reunir suas *expertises* com "um olhar descomplicado" sobre o marketing promocional, nos brindaram com um guia prático que desvenda todo o raciocínio a ser trabalhado pelas marcas na conquista por seus consumidores e quais os ferramentais mais adequados para promover a interação entre eles.

O grande diferencial dessa obra é falar por si só, por meio de uma abordagem objetiva e clara ao apresentar *cases* atualizados sobre os principais instrumentos de ativação, promoção para o consumidor, *merchandising*, marketing de incentivos e eventos.

Por ser uma grande contribuição para área de promoção, o livro destina-se a uma gama de interessados leitores – de iniciantes e interessados na área a profissionais de mercado que precisam, no seu dia a dia, de respostas para a comunicação de sua marca com o seus consumidores de maneira eficaz e rápida.

Sejam bem-vindos ao novo marketing promocional. E boa leitura!

PROF. DR. RODNEY NASCIMENTO

Professor de Elementos e Técnicas de Comunicação de Mercado
e Gerência de Comunicação com o Mercado da
ESPM – Escola Superior de Propaganda e Marketing

APRESENTAÇÃO

O livro que você está prestes a ler é produto de uma empreitada proposta por seus autores no sentido de desafiarem a si próprios. Trata-se da ousadia de partilhar experiências profissionais de forma mais didática.

A Promoção sempre foi considerada, entre os *players* deste mercado, uma "prima pobre" da Propaganda, tanto em termos quantitativos como qualitativos. As reservas de verbas eram menores, a visibilidade um tanto opaca e a criação não tão brilhante. Sofria também da pecha de "apagadores de incêndio", com pouco profissionalismo. Afortunadamente, esse cenário mudou, comprovado pelo volume de investimentos das empresas; aumento de *cases* de sucesso reconhecidos no mercado; revelação de expoentes profissionais competentes e ousados empreendedores.

O Marketing Promocional passou a ser considerado matéria fundamental nos planejamentos estratégicos das empresas de comunicação que buscam resultados para seus clientes, integrando a mídia tradicional das mais variadas formas de manifestações que a Promo (como usualmente nos referimos ao Marketing Promocional) pode oferecer.

A clara movimentação dos grandes grupos de comunicação voltando-se para aquisições de agências genuinamente promocionais mostra a importância que o negócio chamado Marketing Promocional adquiriu, deixando de ser coadjuvante para tornar-se peça fundamental na conquista de contas publicitárias.

Uma evidência dessa afirmativa é a organização do segmento promocional por meio de uma associação – devidamente estruturada em capítulos presentes em diversos estados brasileiros e atuante há 18 anos –, a qual empresta voz às empresas e profissionais do Marketing Promocional nas esferas institucionais e governamentais do país. A Ampro – Associação de Marketing Promocional – vem, por meio de discussões, ações e projetos, contribuindo na busca de maior profissionalismo, ética, regulação e intercâmbio de informações.

Outro indicador incontestável desse movimento é a inversão do porcentual do *budget* das empresas destinado à Promoção e Propaganda nos últimos anos: antes tínhamos a proporção média de 35% (Promoção) × 65% (Propaganda) e agora se observa cada vez mais a Promoção recebendo direcionamento de verba próxima aos 65%, tradicionalmente utilizados em Propaganda.

Assim, foi considerando toda a pujança desse mercado promissor e acreditando que compartilhar experiências e informações pode elevar a Promoção para um patamar ainda mais alto, que desenvolvemos esta obra. Esperamos que ela possa ser mais uma fonte de referência ao conhecimento que permeia o Marketing Promocional para todos os estudantes e profissionais da área, de maneira descomplicada, didática e sem mistérios.

Boa leitura!

Os autores

SOBRE OS AUTORES

João Riva Formado em Publicidade e Propaganda pela Faculdade de Comunicação Social Cásper Líbero e pós-graduado em Comunicação com o Mercado pela Escola Superior de Propaganda e Marketing (ESPM). Tendo atuado nas mais conceituadas agências de marketing promocional e publicidade do Brasil, é também autor convidado do livro *Trade marketing: pontos de vista expandidos*, e professor de MBA e pós-graduação de cursos de Comunicação e Administração da Fundação Instituto de Administração (FIA) e Fundação Armando Alvares Penteado (FAAP). Sócio da Omelete Inteligência, é palestrante e também colunista dos principais sites e revistas de trade marketing do Brasil.

Fábio Eloi de Oliveira Mestre em Comunicação Social pela Universidade Metodista de São Paulo, MBA em Gestão Estratégica de Marketing pela Fundação Santo André (FSA), Graduado em Jornalismo pela Universidade Metodista de São Paulo (UMESP). Colunista da Revista *O ABC da Comunicação*, professor da graduação nos cursos de Publicidade e Propaganda, Jornalismo e Comunicação Mercadológica na UMESP. Professor da pós-graduação no Curso de Comunicação Empresarial (UMESP) e professor convidado do curso de pós-graduação em Eventos (FAAP).

Kito Mansano Formado pela FAAP com especialização em Rádio e TV e Publicidade, atua há mais de 20 anos no mercado de comunicação com foco em

Marketing Promocional e foi um dos principais responsáveis pelo desenvolvimento deste setor no Brasil. Em 2001, associou-se à agência Banco de Eventos e viabilizou projetos expressivos para Ambev, Bradesco, Nokia e Unilever. Em 2005, numa expansão do grupo, fundou a Samba Comunicação. Em 2007, assumiu a totalidade das ações da agência e transformou-a na Rock Comunicação, onde atua até os dias de hoje. Recentemente, assumiu a presidência da Associação de Marketing Promocional (Ampro) para a gestão 2012/2013 e criou o I Congresso Nacional de Live Marketing.

Luciano Bonetti Formado em Publicidade e Propaganda pela UMESP e em Direito pela Faculdade de Direito de São Bernardo do Campo. Pós-graduado em Propaganda e Marketing pela UMESP, possui MBA em Tecnologia da Informação aplicada à Nova Economia pela Fundação Getúlio Vargas (FGV). É mestre em Comunicação Social pela UMESP, onde atua como professor, além de coordenar o curso de Comunicação Mercadológica. Professor convidado do MBA de Gestão em Comunicação e Marketing da Universidade de São Paulo (USP), professor do MBA de Gestão da Comunicação Empresarial da Associação Brasileira de Comunicação empresarial (Aberje). Na Associação de Marketing Promocional (Ampro), é diretor do Grupo de Estudos Acadêmicos (GEA). É escritor e publisher da revista *O ABC da Comunicação*.

Mônica Schiaschio Graduada em Turismo pela Universidade Anhembi Morumbi (UAM) e especialista em Gestão Pública Municipal pela FAAP e em Marketing pela Madia Marketing School. Atuou nas renomadas consultorias de planejamento e marketing turístico Chias Marketing e Turis Internacional Brasil, desenvolvendo vários projetos nas áreas de marketing de destinos, planejamento e desenvolvimento turístico. Foi diretora do Departamento de Meio Ambiente e Turismo da Prefeitura de Taubaté, docente nos cursos de graduação de Hotelaria e de Turismo da Faculdade Diadema (FAD) e da UAM, além de ministrar cursos livres para o SENAC. Atualmente, preside a Associação Brasileira de Bacharéis em Turismo do Estado de São Paulo e atua na diretoria executiva da Ampro.

Teka Santovito Graduada em Comunicação e Turismo, mestre em Ciências da Comunicação pela Escola de Comunicações e Artes (ECA-USP), especialista em Comunicação Social pela Fundação Escola de Sociologia e Política de São Paulo (FESPSP). Atuou em agências promocionais como PPA (MPM Propaganda), DLS Doria Lara Stalimir Promoções e Eventos, Concept & Idea Marketing e Eventos (ABN/AMRO Bank), Grupo G3 (Barcelona), Teo Full Solutions e Rock Comunicação entre outras. Foi assessora executiva e responsável pelas comunicações e marketing da Associação Brasileira de Empresas de Eventos (ABEOC). É docente na pós-graduação em Eventos na FAAP e no SENAC. Atualmente, é empresária, sócia-diretora da Palavra Bem Escrita (PBE) e consultora em textos.

CRONOLOGIA

Da Promoção de Vendas ao Marketing Promocional

No Brasil, a utilização do Marketing Promocional já acontece há muito tempo, de forma intuitiva, em um tempo muito romântico no qual não existiam os rigorosos controles sobre a distribuição gratuita de prêmios. É claro que a denominação Marketing Promocional é muito recente, surgiu em meados dos anos 1980, concretizando-se como segmento científico e matéria de estudos a partir dos anos 1990. Em um determinado momento da história, alguns profissionais de comunicação adotaram a denominação BTL – *Bellow the Line*, para identificar ações que estivessem abaixo de uma linha imaginária da comunicação convencional, ações táticas como as utilizadas nas guerras, em que surgiu a chamada ação de guerrilha.

O Marketing Promocional pode e deve ser comparado a uma ação tática de guerra, apesar de sua aplicação de forma estratégica por empresas com área de planejamento mais desenvolvida. A expressão *Bellow de Line* (abaixo da linha) origina-se das atividades das forças aéreas na Segunda Guerra Mundial, na qual os caças tinham a necessidade de voar abaixo da linha dos radares para não ser identificados e, assim, poder cumprir sua missão com êxito.

O Marketing Promocional é exatamente isso: colocar ações de impacto no mercado de forma ágil e pontual, dificultando a reação do concorrente. Atualmente, já existem cursos de graduação voltados especificamente para o Marketing Promocional e essa especialização trará ao mercado profissionais muito mais preparados para enfrentar os diversos caminhos que essa maravilhosa profissão oferece. Sem dúvida existe espaço para mais profissionais qualificados nesse segmento da comunicação, pois a demanda de conhecimento teórico e de profunda vivência nas mais variadas atividades ofertadas por esse setor aumenta a cada dia.

No passado muitas empresas utilizaram o Marketing Promocional para alavancar suas vendas e aumentar a participação de mercado sem ter consciência de que estavam abraçando uma ferramenta que seria uma das mais importantes formas de comunicação do século XXI. Destacamos algumas campanhas que consideramos relevantes, deixando claro que se alguma não foi destacada, neste momento, não significa que a campanha não tenha importância na história da promoção. Optamos também por não segmentar este material por modalidade ou qualquer outro fator técnico. Nosso objetivo é contar o histórico das promoções do ponto de vista da evolução natural dos acontecimentos.

Campanhas no início dos anos 1960 ofereciam brindes instantâneos por meio de vale-brindes impressos dentro de suas embalagens. Uma marca de manteiga ofereceu a seus consumidores a oportunidade de ganhar uma faca de pão ao encontrar impressa na parte interna da embalagem a grande surpresa. É claro que encontrar o vale-brinde era e sempre será uma grande alegria, porém naquela época não existiam postos de troca, internet ou telefone celular. Nem mesmo a rede de telefonia fixa atingia toda a cidade de São Paulo, sem falar em outras localidades do território nacional.

Para realizar a troca, bastava levar o papel todo engordurado ao ponto de venda em que o produto foi adquirido e pedir ao proprietário para solicitar a troca. Esta acontecia em um prazo de 15 dias, tempo suficiente para o fabricante mandar sua equipe de vendas duas vezes ao PDV: uma para retirar o vale-brinde e outra para levar o brinde para que o ganhador o retirasse posteriormente.

Essas campanhas eram segmentadas e muito tímidas, porém, nos anos 1960, uma fabricante de sabonetes líder de mercado reeditou uma campanha promocional lançada em 1947 e conseguiu a mobilização de toda a sociedade que, na época, vibrava com a saga das novelas. Esse fabricante colocou a chave de um carro dentro de um sabonete de banho e quem a encontrasse ganharia o carro. É claro que foi uma grande corrida para os supermercados e lojas de bairros. Muitas famílias passaram alguns meses tomando banho com as metades de sabonetes, pois todos os produtos comprados eram cortados ao meio para encontrar a tal chave.

Atualmente, esse tipo de ação não poderia acontecer, o que é uma perda para toda a cadeia envolvida, fabricante, agência, varejo, mídia, consumidor. Isso porque a legislação não permite oferecer prêmios por meio de vale-brindes com valores superiores a R$ 400,00. Este é um ponto importante a ser evidenciado, pois nossa legislação é ultrapassada e deve ser revista.

O órgão responsável por certificar as campanhas promocionais (Caixa Econômica Federal) se esforça em buscar soluções legais para atender às mecânicas mais criativas que surgem, porém está limitado a respeitar antigas leis e nada pode fazer até que isso seja alterado. Nos dias atuais, a tecnologia e a conduta das empresas sérias facilitam o controle das campanhas, e com uma legislação atualizada, poderíamos ter campanhas que realmente fomentariam toda a cadeia produtiva, gerando empregos e receitas para o próprio governo.

É certo que os legisladores da época estavam cheios de boas intenções ao criar uma regulamentação para oferta de premiação gratuita, entretanto, alguns pseudoempresários criaram campanhas desonestas se valendo do ineditismo e da boa-fé dos consumidores.

Muitos devem se lembrar dos famosos álbuns de figurinhas em que cada página equivalia a um prêmio, tal como liquidificadores, televisores, móveis, geladeiras, enfim todo tipo de produto que era sonho de consumo de qualquer família na época. Bastava completar a página com as cerca de 30 figurinhas que o consumidor tinha direito ao prêmio.

Esses álbuns viraram uma mania nacional, gerando muito dinheiro aos seus criadores, porém, como não havia uma regulamentação, os prêmios nunca eram entregues. A picaretagem era feita de forma bem interessante: eram colocados no mercado milhões de figurinhas em pacotinhos que, muitas vezes, eram todas repetidas. Os promotores seguravam uma figurinha de cada página, denominada figura-chave ou figura carimbada, fazendo com que as páginas nunca fossem completamente preenchidas, logo, nunca eram entregues os prêmios. Dessa picaretagem surge a expressão "este cara é figurinha carimbada" ou "figurinha-chave", fazendo alusão a uma pessoa difícil.

Esse tipo de ação levou o Brasil a ter uma legislação de controle de premiação gratuita enérgica e muito burocrática. Com o objetivo de defender o consumidor de maus empresários, atualmente, temos regras que conferem grande dificuldade para realizar ou desenvolver campanhas com mecânicas extremamente atrativas como, por exemplo, dar um carro na tampinha do refrigerante ou no palito do sorvete.

O esforço e objetivo dos profissionais de promoção consistem em convencer as autoridades de que o mundo mudou muito em 50 anos e uma revisão nas leis é muito bem-vinda. Necessária, na realidade. Porém, nem tudo está perdido: campanhas bem-sucedidas fizeram história em nosso país, como a inquestionável campanha "Mamíferos da Parmalat", um exemplo de *self liquidated* em que o consumidor pagava pelo brinde, que tinha um valor agregado altíssimo para a época. Independente do resultado em números para a empresa e dos problemas logísticos que a campanha apresentou, a ação transformou-se em sinônimo de sucesso e, nos dias atuais, muitas vezes, ouve-se clientes passando *briefings* nos quais solicitam campanhas "como a da Parmalat". No entanto, muitos desses clientes não entendem que, para obter sucesso em suas campanhas, é necessário ter planejamento, ousadia e dinheiro, e nem sempre esses três fatores estão agregados.

Mesmo com todas essas dificuldades o mercado cresce a passos largos, e as inúmeras ferramentas do Marketing Promocional evoluíram proporcionalmente. A tecnologia trouxe facilitadores enormes para que os consumidores participem de campanhas promocionais, gerando, assim, maiores volumes em vendas e adesões.

No início dos anos 1990, um acontecimento marcou o mercado promocional e foi fator relevante para que diversos fabricantes entrassem para a onda das campanhas promocionais: a famosa "guerra das margarinas". Com modalidade de **concurso**, **junte embalagens** e **responda à pergunta e envie**, a utilização dos correios era a forma mais comum de participação e adesão dos consumidores nessas campanhas. As duas maiores marcas de margarina da época entraram em um embate para conquistar o espaço nas gôndolas e por mais volume de vendas; eram elas a Doriana e a Delícia, cada qual com uma campanha promocional oferecendo mais e mais prêmios aos consumidores.

Esse tipo de ação fomentou o mercado promocional e deixou um residual fantástico para a década de 1990. Como essas campanhas tiveram uma visibilidade enorme, outros produtos perceberam que campanhas promocionais davam resultados imediatos e poderiam ser usadas de forma estratégica para construção de marca. E, assim, aconteceram nos anos seguintes centenas de promoções que davam os mais variados prêmios.

Salientamos aqui que os shopping centers aderiram ao Marketing Promocional de forma agressiva, chegando a oferecer prêmios como carros de alto luxo (Porsche e Ferrari) e até a sortear um avião. Cabe aqui uma observação sobre tipos de premiação: a decisão do que oferecer deve sempre ter pertinência com o conceito do produto ou da campanha. Dar simplesmente o prêmio pelo prêmio pode até gerar o volume momentâneo, mas não constrói relação com o consumidor e, às vezes, gera frustrações quando isso é malfeito.

Como a legislação não permite prêmios em espécie (dinheiro), a liquidez é um ponto importante a ser considerado. Carros, casas são as vedetes da premiação, porém, em uma campanha bem estruturada, o prêmio deve ser dirigido ao público *target* do produto. Dar um Ipad pode ser mais bem percebido do que oferecer 10 mil reais em barras de ouro.

No início dos anos 2000, surgiu o primeiro prêmio de 1 milhão de reais, que, para a época, era sem dúvida uma grande ousadia. O Guaraná Antártica lançou a Campanha Bote Fé, com tema motivacional para que as pessoas acreditassem na Seleção daquele ano de 2002, até então sem resultados expressivos. Isso porque na ocasião a Ambev era patrocinadora da Seleção Brasileira de Futebol. Milhares de cartas de participação e o primeiro ganhador de 1 milhão de reais surgiram por meio de campanhas com modalidade concurso.

Vale salientar um pequeno desvio de compreensão que algumas pessoas fazem sobre campanhas promocionais; referimos-nos à adesão da campanha e à participação propriamente dita. Muitas pessoas avaliam o sucesso de uma campanha pelo retorno de cartas (isso quando se utilizava esse canal de adesão). O fato é que ter um volume alto de cartas não significa que a campanha teve sucesso; o contrário também é verdade, ter um baixo volume não significa que a campanha não foi bem. O que devem ser medidos são o volume de vendas no período e o residual que a campanha deixa depois que sai do ar. Isso porque muitos consumidores são impactados e efetivam a compra, porém, na hora de enviar sua carta de adesão, acabam não o fazendo, gerando esse desvio de entendimento que precisa ser decifrado com clareza.

Sendo assim, podemos abordar a tecnologia, que veio para mudar a forma de participação nas campanhas e chacoalhar os canais até então convencionais. O Inkjet, equipamento utilizado para datar os produtos na linha de produção e identificar os lotes, começa a ser usado para criar um número de participação em campanhas promocionais.

Essa tecnologia permitiria realizar campanhas sem a necessidade de envio de cartas, bastando, para isso, cadastrar o número do produto no site da campanha. Esses números são impressos e colocados em uma urna para posterior sorteio. Essa mecânica é mais uma das situações sem sentido em nossa legislação. Não é permitido realizar sorteio randômico virtual; os cupons devem ser físicos, o que gera custos absurdos para os promotores, sem falar sobre a questão ambiental.

Já em meados de 2005 a internet começa a ser desmistificada em campanhas promocionais, isso porque muitos insistiam que o acesso à internet era limitado a grupos pertencentes a regiões mais desenvolvidas e que, assim sendo, não haveria adesões. Quem apostou na participação de consumidores pela internet acertou e, atualmente, é um dos canais de participação mais utilizados em campanhas promocionais. Vale lembrar também a introdução do SMS em campanhas promocionais, que a princípio não funcionavam com eficiência, pois não existia uma plataforma que integrava as operadoras, dificultando toda a ação. Hoje, esse obstáculo tecnológico já foi superado e é possível fazer campanhas muito bem-sucedidas usando a internet ou SMS de forma integrada.

Um bom exemplo desse tipo de ação são as campanhas dos Postos BR, da Petrobras, em que o consumidor retira seu cupom de participação nos postos de abastecimento de combustível veicular e pode se cadastrar para concorrer aos prêmios por meio do SMS ou da internet. Isso tudo de forma sistematicamente integrada, pois se o participante tentar se cadastrar nos dois canais com um único cupom, seu segundo cadastro será bloqueado.

Nesse ponto a tecnologia ajudou muito, pois as campanhas passaram a ter controle absoluto dos consumidores, adquirindo e formando um *mailing* com quantidade e qualidade. Muitas formas de participação foram desenvolvidas nesses anos, e a criatividade dos profissionais de promoção atingiu um grau altamente qualificado, pois desenvolver novidades no quesito mecânicas de participação, nesse segmento, é muito complicado, já que nossa legislação não permite ousadia. Por outro lado, é muito desafiador.

O que encanta no Marketing Promocional é justamente a possibilidade de se reinventar a cada instante, a cada tecnologia, e é por isso que essa ferramenta se desenvolveu tão rapidamente. O futuro para essa atividade não é planejado em longo prazo; o futuro é amanhã, pois todos os dias as cabeças criativas e os viabilizadores das ações estão prontos para um novo desafio.

É realmente gratificante quando vemos uma campanha no ar com mecânicas diferenciadas e inovadoras. Só demonstra que o Marketing Promocional é um organismo vivo, que chegou e conquistou o seu espaço e respeito de todos os profissionais de comunicação que conseguem ver além dos limites da comunicação convencional.

Em um futuro próximo, os celulares serão os cupons de participação, bastando para isso fotografar os códigos no rótulo do produto para garantir seu cadastramento na campanha ou, ainda, ser o grande premiado por meio do sorteio de seu endereço pelo GPS. Esses exemplos são apenas ilustrativos para materializar as inúmeras possibilidades que estão por vir.

Enfim, continuar a desenvolver o Marketing Promocional no Brasil é seguramente um desafio para os talentos que estão iniciando suas carreiras ou já dando os primeiros passos nas universidades. Ser um profissional de Marketing Promocional significa estar envolvido com eventos, campanhas de incentivo, feiras, promoções e ativações, enfim, uma série de ações e atividades que ajudam a construir a imagem de produtos ou serviços, gerando recursos para inovações e reivestimentos.

CONCEITOS
E APLICAÇÃO

Definindo Marketing Promocional

Para entendermos a definição de Marketing Promocional, é importante voltarmos um pouco no tempo e na complexidade e entendermos o que é Promoção de Vendas. Afinal, a confusão entre as ferramentas é muito comum e plenamente justificada, já que ela persiste até mesmo entre os estudiosos do setor.

Analisando apenas a definição de Promoção de Vendas, iniciamos nosso estudo com algumas dúvidas, já que cada autor/estudioso a classifica como sendo algo diferente. Alguns a colocam como tudo o que não é propaganda, a extinta *No Media*, enquanto outros a definem como algo que a completa. Ou seja, definição distinta é o que não falta:

> *São atividades mercadológicas, além da venda pessoal e da propaganda, que estimulam a venda ao consumidor final e a eficiência do intermediário por meio de displays, shows, exposições, demonstrações e vários outros esforços habituais ou rotineiros de vendas.* (American Marketing Association apud Ferracciù, 2007)

> *É um termo genérico para os vários instrumentos que não são classificados, formalmente, como propaganda, vendas pessoais ou publicidade. Esses instrumentos são endereçados aos consumidores, ao comércio ou à própria força de venda do fabricante.* (Philip Kotler apud Ferracciù, 2007)

> *É uma atividade que se situa mais ou menos a meio caminho entre a publicidade e as vendas. É projetada para intensificar a pressão dirigida contra determinado grupo, como um mercado específico ou certos tipos de consumidores. Seus meios de ação incluem a focalização de pontos que tornam a compra desejável por meios de concursos, prêmios e outros atrativos. A promoção de vendas, geralmente, cai na jurisdição do departamento de publicidade da companhia e constitui parte importante do esforço total de vendas.* (Martin Zober apud Ferracciù, 2007)

> *É a coordenação de todos os esforços indicados pela empresa vendedores para estabelecer canais de informação e persuasão, a fim de facilitar a venda de um bem, de um serviço ou a aceitação de uma ideia.* (Brink e Kelley apud Ferracciù, 2007)

> *Promoção é o elemento mais complexo na composição de marketing e o mais difícil de executar com eficiência. Tem composição muito própria – veículos de propaganda, mala direta, embalagem, mostruário, venda pessoal, e assim por diante. A sua finalidade é ampliar a demanda.* (Edward Bursk apud Ferracciù, 2007)

> *Nem todos são concordes em definir os limites de atividade da promoção. Em sentido amplo, afirma-se que a promoção de vendas é o conjunto de todas as atividades que, de alguma forma, aceleram o aumento do faturamento da empresa. Se fosse assim, a promoção abrangeria todas as atividades de marketing em todos os níveis: propaganda, promoção no seu mais estreito sentido, atividades de pós-venda e orientação dos anéis periféricos da cadeia de distribuição.* (Renzo Modesti apud Ferracciù, 2007)

> *São atividades que suplementam a venda pessoal e a propaganda, coordenando-as e tornando-as mais eficientes.* (Beckman, Davidson e Maynard apud Ferracciù, 2007)

> *É a pesquisa, o estudo, a adaptação e a aplicação de todas as ideias e iniciativas que possam conduzir à coordenação, à melhoria e ao desenvolvimento das vendas.* (Nepveu-Nivelle apud Ferracciù, 2007)

> *São incentivos em curto prazo para motivar a compra e venda de um produto ou serviço.* (R. A. Strang apud Ferracciù, 2007)

> *É o conjunto de meios destinados a acelerar ou desenvolver a venda de um produto, levando-o enfaticamente até o público.* (Robert Leduc apud Ferracciù, 2007)

> *É um estímulo não pessoal de demanda de um produto ou serviço, atuando diretamente sobre intermediários ou varejistas.* (William Shultz apud Ferracciù, 2007)

Com os exemplos anteriores, fica evidente que a definição de Promoção de Vendas não pode ser analisada por apenas uma linha de raciocínio, mas por várias. Entre elas, destacamos a que mais se aproxima do que realmente ocorre no ponto de venda, encontrada no livro *Marketing Promocional*, de João de Simoni Soderini Ferracciù:

É a técnica de promover vendas. Não implica propriamente vender, mas empenhar-se por meio de qualquer ideia ou ação para que isso aconteça. Em suma: prepara o caminho para a execução de vendas em massa.

Esta é a definição entendida como a que mais se aproxima da realidade da Promoção de Vendas, pois, se destrinchada, resume suas reais características:

- **É a técnica de promover vendas.** Aqui se destaca o objetivo principal da Promoção de Vendas: o fato da promoção de vendas, e não de imagem, conceito ou mensagem de um determinado produto. Aqui o foco é a venda de um produto ou de um serviço.

- **Não implica propriamente vender, mas empenhar-se por meio de qualquer ideia ou ação para que isso aconteça.** Ou seja, levamos o produto ou o serviço até a mão do consumidor, de forma que a venda ocorra de forma imediata. O papel da venda, propriamente dita, fica com o varejo ou o ponto de venda. Levamos a montanha a Maomé.

- **Em suma: prepara o caminho para a execução de vendas em massa.** Ao mesmo tempo em que trabalhamos de forma quase personalizada, a ação ocorre simultaneamente para um grande público.

Com isso, entendemos que a Promoção de Vendas não é o conjunto de ferramentas que não fazem parte da Propaganda, mas uma série de ações que ocorrem dentro ou fora do ponto de venda que objetivam vendas imediatas a um grande número de consumidores.

Entretanto, o termo Promoção de Vendas caía naturalmente em desuso, enquanto ganhava força a expressão Marketing Promocional. Ao mesmo tempo, crescia a dúvida entre os profissionais do setor sobre qual a diferença entre cada um. Para entendermos melhor, vamos às definições de Marketing Promocional:

É uma operação de planejamento estratégico ou tático combinando, sinérgica e sincronicamente, as ações de promoção de vendas com uma ou mais disciplinas das outras comunicações multidisciplinares de marketing. (João de Simoni Soderini Ferracciù)

Anteriormente, notamos que o autor diferenciou Promoção de Vendas do Marketing Promocional de forma simples: basta utilizar uma das operações promocionais, somada a outra disciplina das demais comunicações do marketing, para que surja o nome Marketing Promocional.

A definição é muito interessante, mas não necessariamente representa o que acontece no ponto de venda. Uma campanha baseada unicamente em degustação de achocolatado em pó também é entendida como sendo Marketing Promocional, mesmo que não haja comunicação sobre ela em outros meios, como jornal, revista ou internet.

Também é muito comum encontrarmos shopping centers presenteando pais, mães, filhos e namorados com canecas, caixas de chocolates ou demais brindes para todos que realizarem compras iguais ou maiores que determinados valores. Também nesse caso, utilizando ou não outras ferramentas de marketing para potencializar a campanha, continuamos entendendo a iniciativa como Marketing Promocional.

Confrontando com a definição de João de Simoni, encontramos a apresentada pela Ampro (Associação de Marketing Promocional), que o define como:

> *Atividade do marketing aplicada a produtos, serviços ou marcas, visando, por meio da interação junto ao seu público-alvo, alcançar os objetivos estratégicos de construção de marca, vendas e fidelização.* (Ampro)

Nesse caso, notamos que a associação apresenta como Marketing Promocional algo similar ao que João de Simoni define como Promoção de Venda. Entretanto, se bem analisada, é possível confundir a definição anterior como outra desenvolvida para a Publicidade, Propaganda, Marketing Direto, Marketing Digital, entre outros.

A verdade é que não existe uma definição de Promoção de Vendas aceita por todos os estudiosos, assim como não existe outra para Marketing Promocional. Cada profissional os define de acordo com o que vivencia no seu cotidiano, podendo até mesmo mudar de opinião em alguns períodos.

Os autores deste livro acreditam que não há motivo para essa confusão entre Promoção de Vendas e Marketing Promocional. Entendemos que ambos representam as mesmas iniciativas e buscam o mesmo objetivo, porém representaram momentos diferentes da comunicação.

Coincidentemente ou não, o setor trabalhou com o termo Promoção de Vendas durante um período em que a ferramenta apresentava ações táticas, com pouco foco na estratégia da marca, das vendas em longo prazo ou da própria profissionalização do mercado promocional.

Com o passar dos anos, a indústria sentiu a necessidade de que suas ações promocionais se tornassem mais estratégicas, oferecendo vendas indiretas em longo prazo, bem como planejamentos mais elaborados e com resultados mensurados. Coincidentemente a essa profissionalização do setor, os profissionais do setor passaram a se dirigir às mesmas ações promocionais como Marketing Promocional.

Analisando esse histórico e o que ocorre no ponto de venda, podemos definir a diferença entre a Promoção de Vendas e o Marketing Promocional como algo ainda mais simples do que apresentado anteriormente: ambos representam as mesmas ações, porém a primeira tendo um foco tático e a segunda, estratégico.

Quando utilizar (ou não) Marketing Promocional

Marketing Promocional não surgiu por acaso, mas para atender a uma demanda de interesses muito específicos da indústria. Afinal, na hora de vender um determinado produto ou serviço, não basta apenas estar presente nas mídias de comunicação de massa, mas, antes de tudo, no ponto de venda.

As vantagens em trabalhar com ferramentas de Marketing Promocional são muito variadas e, neste capítulo, apresentaremos algumas delas. Com isso, entretanto, não afirmamos que Marketing Promocional é mais eficiente que os demais campos do Marketing, mas que é mais eficiente no que se propõe a fazer.

1. Ativação de Vendas Imediatas

Enquanto a comunicação em massa cumpre o papel de transmitir o conceito e a mensagem de um determinado produto ou serviço, deixando o fator venda, muitas vezes, em segundo plano, no Marketing Promocional o caminho é o inverso. Aqui o objetivo primário é a venda.

Quando colocamos uma promotora uniformizada no ponto de venda (supermercado, farmácia, shopping center etc.), desenvolvemos o sorteio de grandes prêmios ou abordamos consumidores na rua para apresentar novidades da indústria, o que objetivamos é a venda imediata. Queremos que, da forma mais rápida possível, o consumidor adquira o que ofertamos. E não importa se o que ofertamos é um chiclete ou um apartamento.

Obviamente que, ao abordar os consumidores potenciais dos nossos produtos, transmitiremos também o conceito e mensagem do produto oferecido, mas como um objetivo secundário da ação. Muitas vezes, utilizamos o conceito de comunicação do produto apenas como um fio condutor da nossa abordagem, porém em tom promocional, com foco em vendas imediatas. Não queremos vender amanhã. Queremos vender hoje.

2. Solução de Problemas de Forma Imediata

Somos realmente imediatistas. Se o nosso foco é vender hoje, resolvemos possíveis problemas de determinados produtos também agora. Vale ressaltar que o Marketing Promocional é capaz de levar ao consumidor tanto a mensagem de problemas já resolvidos pela indústria como mensagens mal compreendidas.

Podemos citar, também, as marcas que utilizam ferramentas de Marketing Promocional para derrubar preconceitos que consumidores possam ter com a sua marca. Um bom exemplo disso são as marcas pouco conhecidas que oferecem a degustação ou experimentação de seus produtos no próprio ponto de venda, de forma que o consumidor possa perceber o quanto seu produto é bom ou eficiente. Sem dúvida, o "olhar com os próprios olhos" quebra, de forma imediata, qualquer tipo de preconceito.

3. Investimento Proporcionalmente Menor

Outro motivo que leva as marcas a utilizar o Marketing Promocional é o valor comumente de investimento em uma campanha. Democrático como poucos, pode ser utilizado por todos os bolsos.

A verdade é que, comparado com o investimento realizado por campanhas de comunicação de massa, o Marketing Promocional é muito competitivo, existindo nele campanhas milionárias ou de apenas algumas centenas de reais.

4. Públicos Específicos

Para que matar uma barata utilizando balas de um canhão? A partir dessa premissa, diversas marcas optam por utilizar ferramentas de Marketing Promocional em suas campanhas. Afinal, com elas podemos abordar especificamente o que objetivamos.

Como falar com aquela senhora que semanalmente compra fermento para bolo em pequenas mercearias? Como abordar apenas meninas que estão entrando na adolescência e não têm pais muito abertos para conversar sobre sexo? E como falar especificamente com aquela turma de baladeiros que não abrem mão de um churrasco com os amigos em todos os finais de semana?

Possivelmente esteja pensando: "indo à mercearia, à porta dos colégios e às casas noturnas". Entre outros, é exatamente isso que fazemos. Utilizando algumas ferramentas específicas de Marketing Promocional, levamos o produto ou a sua mensagem diretamente a esses locais. Trata-se da máxima "se Maomé não vai à montanha, a montanha vai a Maomé".

Somado a isso, o investimento de comunicação se torna específico, pois é investido na abordagem de um público altamente segmentado. Ao mesmo tempo, a abordagem realizada na campanha se torna mais efetiva, pois pode ser adaptada não somente ao público impactado, mas também ao local em que é realizada a ação. Por exemplo, podemos ter uma abordagem para os baladeiros da zona sul de São Paulo e outra para os da zona norte. Podemos ser mais eficientes?

5. Os Cinco Sentidos Humanos

Poucas ferramentas de comunicação podem tirar tanto proveito dos cinco sentidos humanos como o Marketing Promocional. Utilizando o tato, olfato, paladar, audição e visão, o ser humano consegue entender melhor o mundo, as demais pessoas ou o produto a ele ofertado. E colocar as mãos, sentir o cheiro ou o gosto de um produto fazem toda a diferença no momento da compra.

Como parte das ações de Marketing Promocional ocorre no ponto de venda e, muitas vezes, com a presença de uma equipe de vendas, podemos fazer uso dos cinco sentidos dos nossos consumidores para apresentar nossos produtos com todos os detalhes.

Diferente dos anúncios impressos ou televisivos, o Marketing Promocional atua com equipes de vendas *in loco*, sempre com o objetivo de colocar o produto nas mãos do consumidor. Sabemos que o ser humano não enxerga apenas com os olhos, mas com as mãos, com o ouvido, com o paladar...

Vamos imaginar que uma nova marca de margarina está chegando ao Brasil, e é totalmente desconhecida do público. Ela investe parte da sua verba de comunicação nos meios impressos, e de início não sente uma resposta expressiva em vendas. Preocupados, os gestores de produto de marca investem em promotoras no ponto de venda. O objetivo das meninas é fazer com que os consumidores de margarina experimentem o novo produto.

O aumento nas vendas será justificado por diversos motivos:

- O consumidor teve a oportunidade de experimentar o produto.
- A marca teve maior tempo de contato com o consumidor.
- A visibilidade da marca no ponto de venda foi elevada.
- Geramos a venda de produtos por impulso.

6. Lançamento e Reformulação de Produtos

Exatamente por ter a facilidade de colocar os produtos nas mãos do cliente, apresentando-os e/ou quebrando preconceitos, a indústria utiliza com frequência as ferramentas promocionais para seus lançamentos ou suas reformulações.

Contudo, não queremos dizer que as ferramentas de Marketing Promocional, sozinhas, podem atingir todo e qualquer objetivo de comunicação e vendas propostas. No caso de lançamento e reformulação de produtos, por exemplo, a força da mídia de massa é sempre bem-vinda, pois potencializa os resultados obtidos com as campanhas promocionais.

7. Criação Fator de Desempate

Com produtos e serviços cada vez mais parecidos, as marcas procuram inserir diferenciais em cada um deles. Muitas vezes, esse diferencial pode ser uma alavanca promocional, como um brinde, o sorteio de um grande prêmio ou alguma vantagem para o consumidor que optar pelo seu produto.

Isso não significa que acreditamos que existam consumidores que adquiram um produto apenas por conta de uma promoção, mas sabemos que muitos utilizam as promoções oferecidas por suas marcas como um fator de desempate.

Imagine que você esteja em uma loja de departamentos analisando três modelos de aparelhos de televisão com as mesmas características, *design* parecido e preço similar. Qual levar? Imagine, somado a isso, que na compra de um deles você ganhe um aparelho de DVD. E aí, já sabe qual levar?

8. Redução de Estoques em Loja

Imagine que a linha de produção da sua marca esteja trabalhando a todo vapor, mas o varejo não esteja demandando novos produtos por conta do elevado estoque da sua marca em suas lojas.

Nesse momento, diversas marcas optam por trabalhar com ferramentas promocionais, de forma que as vendas ganhem velocidade e os estoques das lojas sejam reduzidos de forma imediata.

Certamente é mais vantajoso investir em Marketing Promocional que em alterações na linha de produção de uma grande indústria.

9. Aumento do Poder de Barganha

Existem campanhas promocionais que nem mesmo chegam às ruas e já são consideradas um sucesso. Isso ocorre, pois muitas vezes o varejo opta por comprar mais produtos da indústria por saber que uma grande ação será lançada e precisa ter produtos estocados.

Desse modo, antes mesmo de lançar uma grande campanha, a indústria avisa ao varejo quanto à demanda de produtos que devem ter estocados. Nem sempre o conselho é seguido, mas quando é, representa o sucesso nas vendas antes mesmo do lançamento da campanha ao consumidor.

Ao mesmo tempo, enquanto sabemos que as ferramentas promocionais objetivam vendas imediatas, sabemos que ela não é o remédio para qualquer enfermidade. Infelizmente é notório que a indústria a utilize também em momentos inadequados, como por exemplo:

1. Equipe Mal Treinada

Não adianta investir em ferramentas promocionais para suprir o trabalho de uma equipe de vendas mal treinada. Certamente a promoção oferecerá um resultado imediato em vendas, mas ao fim dela os problemas anteriormente encontrados continuarão existindo.

Nesse caso, acredita-se que é mais importante investir em treinamento para a equipe interna, para depois apresentar uma promoção para os consumidores finais de uma marca.

Entretanto, é possível solucionar parte do problema encontrado em uma equipe desmotivada utilizando campanhas de incentivo internas, que serão apresentadas neste livro.

2. Produto de Má Qualidade

Promover um produto ruim só serve para uma coisa: mostrar a todos que as ferramentas de promoção não fazem milagre; por mais que as ações sejam executadas com perfeição, jamais poderão disfarçar ou encobrir falta de qualidade ou qualquer outra deficiência do produto. Pelo contrário, pode ser um atalho para distanciar os produtos/serviços e os consumidores.

Existem diversos exemplos de empresas que, míopes quanto à eficiência ou qualidade do seu produto, colocam a culpa das baixas vendas na falta de visibilidade promocional e, em vez de investir em melhorias no produto, investem em Marketing Promocional. Então, o que acaba acontecendo é que mais pessoas percebem a fragilidade do produto.

3. Falta de Assertividade na Escolha da Ferramenta

Se, por um lado, o Marketing Promocional é imbatível para a conquista de alguns objetivos, sabemos que existem ferramentas ainda mais apropriadas para outros. Nesse caso, precisamos estar atentos ao que queremos obter com cada ação e qual a ferramenta mais apropriada para a conquista desse resultado.

Vamos imaginar, hipoteticamente, que o Ministério da Saúde precise comunicar a data de vacinação contra uma determinada doença a todo o Brasil. Certamente, mais eficientes que as ferramentas promocionais serão as de comunicação em massa.

PROMOÇÃO PARA O CONSUMIDOR FINAL

III

Modalidades Promocionais

A teoria de que a Promoção de Vendas e o Marketing Promocional derivam da mesma origem é mais bem compreendida quando analisamos as modalidades promocionais que, não necessariamente, são as mesmas do Marketing Promocional.

Ao todo, são 24 as principais modalidades promocionais. Número grande, mas que representa pouco sua complexidade. Certamente poderia ser escrito um livro inteiro para as definições, objetivos, diferenciais e melhores práticas de cada uma.

Sorteios	Concursos	Premiações
Ofertas/Descontos	Vale-brinde	Liquidações
Remarcações	*Cross Merchandising*	Coleções
Material de Apoio a Vendas	Treinamentos de Equipes de Vendas	*Sampling/Blitz*
Degustações	Demonstrações	*Self Liquidated*
Exibitécnica	Material de Ponto de Venda	Convenções
Patrocínios	Festivais	Desfiles/Eventos
Feiras/Exposições	Incentivo a Vendas	Brindes

Neste livro apresentaremos com maior profundidade as modalidades que exigem mais informações para serem executadas. Aquelas que são comumente trabalhadas pelas agências de Marketing Promocional e/ou pela indústria para o incremento imediato de suas vendas.

1. Modalidades Envolvendo Sorte

Podemos separar as modalidades promocionais em dois grandes grupos: as que envolvem e as que não envolvem sorte. Essa separação se faz necessária, já que a forma de atuar com cada grupo é muito distinta, pois envolve ou não instituições do governo.

Para entender melhor as modalidades envolvendo sorte, é importante conhecer a relação que elas possuem com a CEF – Caixa Econômica Federal – e com a Seae – Secretaria de Acompanhamento Econômico, instituições que a princípio nada teriam a ver com Marketing Promocional, mas que na prática caminham lado a lado.

Ocorre que poucas modalidades de comunicação são tão acompanhadas e auditadas como a promocional. Se por um lado isso torna as campanhas mais burocráticas, por outro oferece maior segurança para o consumidor que participa de sorteios de prêmios, vale-brindes, entre outros.

A Caixa Econômica Federal é a responsável por autorizar toda e qualquer campanha promocional, envolvendo sorte, que acontecer no território brasileiro. Sem o seu aval, na teoria, nenhuma deveria chegar até o consumidor. Entretanto, sabemos que existem campanhas de pequenas empresas que não são autorizadas pela CEF e, nesses casos, os consumidores não podem ter a certeza de que as regras da mesma, bem como seus prêmios, terão encaminhamento correto.

Porém, a Caixa Econômica Federal é um banco do Governo Federal, e não seria justo que bancos privados fossem obrigados a solicitar sua autorização de suas campanhas, abrindo sua estratégia ao concorrente. Dessa forma, toda e qualquer campanha que ocorrer no território nacional envolvendo sorte e um banco (privado ou não) deve ser autorizada pela Seae – Secretaria do Acompanhamento Econômico.

Reconhecer uma campanha aprovada por uma dessas duas instituições é muito simples, já que em todas as peças de comunicação nessa condição (aprovada) é incluído o número de autorização da mesma. Somado a isso, essa autorização pode também ser encontrada no site da promoção.

O número do Certificado de Autorização constará de forma clara e precisa em todo o material de divulgação da promoção. Esta promoção foi autorizada pela Caixa Econômica Federal – CA CAIXA 5-0136/2010.

Esta promoção está de acordo com a legislação vigente (Lei n. 5.768/1971, regulamentada pelo Decreto n. 70.951/1972 e Portaria MF n. 41/2008) e obteve o **Certificado de Autorização n. 01/0363/2009** expedido pela Secretaria de Acompanhamento Econômico do Ministério da Fazenda.

A empresa promotora compromete-se a incluir o número do Certificado de Autorização da CAIXA/SEAE, de forma clara e precisa, em todo material de divulgação e participação na promoção, **conforme determina o art. 28 da Portaria MF n. 41/2008.**

Regulamento Palpite: Esta promoção foi autorizada pela Secretaria de Acompanhamento Econômico do Ministério da Fazenda – **CA/SEAE/MF 05/0169/2010.**

Regulamento Raspadinha: Esta promoção foi autorizada pela Secretaria de Acompanhamento Econômico do Ministério da Fazenda – **CA/SEAE/MF 06/0170/2010.**

Entretanto, navegando pela internet, é possível encontrar diversas promoções não autorizadas pela CEF ou pela Seae e que, por essa razão, não podemos afirmar serem 100% corretas (também não podemos afirmar o contrário).

As autorizações apenas são concedidas a empresas comerciais, industriais ou de compra e venda de bens imóveis. Empresas prestadoras de serviço estão sumariamente impedidas de realizar distribuição de prêmios do tipo sorteio, vale-brinde ou concurso.

Ao solicitar autorização para uma campanha promocional envolvendo sorte à Caixa Econômica Federal ou à Secretaria do Acompanhamento Econômico, a empresa é obrigada a apresentar os seguintes documentos:

- Cópia autenticada dos Atos Constitutivos (Contrato Social), bem como suas alterações, se houver.
- Declaração de Receita Operacional, de tantos meses anteriores quantos forem os programados para a promoção, assinada pelo representante legal e pelo contador ou técnico em Contabilidade credenciado para tal.
- Cópia autenticada da Certidão Negativa de Débitos relativos aos tributos: federais, estaduais e municipais.
- Cópia autenticada do Certificado de regularidade relativo às contribuições da Previdência Social.
- Cópia autenticada da Certidão Negativa quanto à Dívida Ativa da União.
- Plano detalhado da promoção.

Somadas à entrega de toda a documentação, existem algumas taxas que devem ser pagas pela empresa proponente da campanha. Além dos honorários advocatícios, ela deve arcar com as seguintes taxas:

- IRRF (Imposto de Renda Retido na Fonte) de 20% sobre o valor total de prêmios oferecidos na campanha.
- Taxa de Fiscalização da campanha, que varia de acordo com a soma total do valor dos prêmios oferecidos, como apresentado a seguir:

Prêmios Oferecidos	Taxa de Fiscalização
Até R$ 1.000,00	R$ 27,00
de R$ 1.000,01 a R$ 5.000,00	R$ 133,00
de R$ 5.000,01 a R$ 10.000,00	R$ 267,00
de R$ 10.000,01 a R$ 50.000,00	R$ 1.333,00
de R$ 50.000,01 a R$ 100.000,00	R$ 3.333,00
de R$ 100.000,01 a R$ 500.000,00	R$ 10.667,00
de R$ 500.000,01 a R$ 1.667.000,00	R$ 33.333,00
acima de R$ 1.667.000,01	R$ 66.667,00

A seguir, apresentamos a simulação dos valores das duas taxas sobre a premiação de duas campanhas promocionais fictícias:

SORTEIO DE DUAS CASAS	
Valor Unitário da Casa Oferecida	R$ 75.000,00
Valor Total dos Prêmios Oferecidos	**R$ 150.000,00**
Pedido de Autorização	R$ 17.000,00
Imposto de Renda	R$ 30.000,00
Taxa de Fiscalização	R$ 10.667,00
Valor Total do Processo de Autorização	**R$ 57.667,00**
Valor Total dos Prêmios Oferecidos	R$ 150.000,00
Valor Total do Processo de Autorização	R$ 57.667,00
Valor Total da Campanha	**R$ 207.667,00**

SORTEIO DE 30 CARROS	
Valor Unitário do Carro Oferecido	R$ 40.000,00
Valor Total dos Prêmios Oferecidos	**R$ 1.200.000,00**
Pedido de Autorização	R$ 17.000,00
Imposto de Renda	R$ 240.000,00
Taxa de Fiscalização	R$ 33.333,00
Valor Total do Processo de Autorização	**R$ 290.333,00**
Valor Total dos Prêmios Oferecidos	R$ 1.200.000,00
Valor Total do Processo de Autorização	R$ 290.333,00
Valor Total da Campanha	**R$ 1.490.333,00**

Em São Paulo, o valor médio para entrar com o pedido de autorização da CEF ou da Seae é de R$ 15.000,00. Ele envolve os honorários advocatícios, redação do regulamento da campanha por parte dos advogados, logística de viagens à Brasília e assessoria jurídica durante a vigência da mesma.

As regras a serem seguidas

Além do pagamento das taxas cobradas pela Caixa Econômica Federal ou pela Secretaria do Acompanhamento Econômico, é preciso seguir rigidamente as regras apresentadas por elas. O não cumprimento dessas regras pode acarretar penas muito severas – como apresentadas mais adiante.

Para a entrega dos prêmios para os contemplados, o prazo máximo é de 30 dias contados da data do sorteio ou de apuração do resultado, no caso de concurso. Quando o prêmio não é reclamado em 180 dias da data do sorteio, da apuração do resultado do concurso ou do término da promoção, o ganhador perde direito a ele, e o seu valor correspondido deverá ser recolhido ao Tesouro da União.

Ou seja, nunca é vantagem da empresa que o prêmio ofertado não seja realmente entregue ao consumidor contemplado, pois, de uma forma ou de outra, a empresa não será a detentora dele. Somado a isso, a empresa perde a oportunidade de documentar a entrega dos prêmios da campanha para exibição em anúncios, *hot-site* ou outros. Afinal, tão importante quanto comunicar a promoção é comunicar o seu fechamento. Sendo assim, uma campanha sem entrega de prêmios ao consumidor é tão ruim para a empresa proponente quanto a ele próprio.

Os prêmios não podem gerar nenhuma despesa aos contemplados. Por exemplo, se é sorteio de um carro, ele deve ser entregue com IPVA e licenciamento pagos, assim como emplacamento e, se for o caso, transporte do veículo até a cidade do premiado. Esta é uma das regras menos respeitadas, já que algumas empresas a desconhecem (ou fingem desconhecer). Também é desrespeitada por desconhecimento do contemplado quanto a ela ou quanto à forma de buscar seus direitos.

Ela também é válida para promoções tipo sorteio envolvendo viagens nacionais ou internacionais. Se um consumidor é sorteado para passar cinco dias na Europa, a empresa proponente da campanha deve arcar com os custos da viagem aérea, hospedagem, alimentação e todos os demais valores necessários para que a viagem não gere investimentos básicos para o contemplado.

Segundo a mesma legislação, somente brasileiros (cidadãos domiciliados no Brasil) podem ser premiados. Em campanhas internacionais, a mesma regra continua valendo, o que impossibilita a participação do Brasil na maioria delas. Trata-se de uma regra comum a diversos países, de forma que poucas campanhas internacionais foram realmente bem-sucedidas. Afinal, como deixar que determinado país participasse da campanha se sua legislação obriga que um dos seus cidadãos seja contemplado com o prêmio da mesma? Ainda há algo a ser equacionado nesse ponto.

Por fim, é proibido utilizar dinheiro como premiação de campanha. Porém, são aceitos títulos de capitalização, barras de ouro e cartões de débito bloqueados para saques. Em campanhas como essas, entendemos que o consumidor está ganhando como prêmio o produto resgatado por ele, e não o valor anunciado em regulamento.

Existem, entretanto, diferenças entre trabalhar com a CEF e com a Seae. Para início de conversa, a CEF leva em torno de 45 dias corridos para aprovar ou não uma promoção envolvendo sorte, enquanto a Seae realiza o mesmo trabalho em uma média de 30 dias. Isso ocorre em decorrência dos diferentes níveis de burocracia encontrados em uma ou na outra.

Na tabela a seguir, apresentamos um breve comparativo entre o trabalho da CEF e da Seae:

CEF	SEAE
Quando a campanha envolver sorte e não contar com a participação de alguma instituição bancária.	Quando a campanha envolver sorte e contar com a participação de alguma instituição bancária.
Prazo de resposta aproximado de 45 dias, podendo ser menor.	Prazo de resposta aproximado de 30 dias, podendo ser menor.
Ambas seguem a mesma legislação, porém a Seae é mais flexível.	
Taxas de premiação são as mesmas para ambas as instituições.	

As penalidades previstas em lei, para a empresa que distribuir ou prometer distribuir prêmios por meio de sorteio, concurso e vale-brinde ou operação assemelhada, sem a autorização prévia da CEF ou da Seae, são:

- Multa de até 100% do valor dos prêmios prometidos.
- Perda dos prêmios ainda não distribuídos.
- Proibição de realizar operações semelhantes pelo período de 2 (dois) anos.

Porém, é preciso destacar que, apesar das punições severas, existem poucos casos de empresas penalizadas por não cumprimento das regras apresentadas neste livro. Ao mesmo tempo, quando punidas, as empresas acabam se utilizando de outros subterfúgios para execução de ações semelhantes dentro desse período de carência.

Mas... Como saber se a campanha que sua empresa está desenvolvendo precisa de autorização da CEF ou da Seae para ser executada? Para obter essa resposta, utilize o fluxograma a seguir:

Sorteio de Prêmios

Entre as campanhas promocionais envolvendo sorte, certamente as mais lembradas do grande público são as que trabalham com sorteios de prêmios, como casas, carros ou viagens. Isso ocorre, possivelmente, por campanhas como essas ganharem maior espaço na mídia de massa e muita comunicação no ponto de venda.

São muito bem-vindas, pois não há quem não goste de ganhar prêmios e quem duvide totalmente de sua própria sorte. O brasileiro busca sempre uma vantagem em suas negociações, sendo o sorteio de prêmios entendido como mais uma delas. As empresas, sabendo disso, passam a utilizá-las em momentos de baixa de vendas ou, então, de incremento exagerado nas suas vendas.

Em momentos de baixa de vendas, optam por campanhas promocionais focadas nas áreas de resistência, ou seja, locais em que a saída de seus produtos está muito baixa. Vamos imaginar que uma determinada marca de gelatina está encontrando dificuldade em vender seus produtos em supermercados da capital carioca em período natalino, já que as demais sobremesas se tornaram prioridade para seus consumidores.

Nesse caso, ela realiza sorteios de prêmios exclusivamente para moradores daquela região, de modo que o restante do país não participe da campanha.

Com isso, além de um foco específico na comunicação e vendas, a campanha se torna extremamente mais barata, pois não conta com uma logística nacional.

Porém, em período de incremento expressivo de vendas, a estratégia se torna o oposto. Torna-se importante a realização de uma campanha nacional para que todos os seus consumidores conheçam as vantagens promocionais em adquirir seus produtos, e não os da concorrência.

Um bom exemplo desses momentos são as campanhas sazonais de Dia das Mães, Pais, Namorados, Criança e até mesmo o Natal. Ainda existem oportunidades como os anos de Copa do Mundo de Futebol, nos quais as grandes marcas de televisão correm para oferecer aos seus consumidores os melhores prêmios para quem compra seus produtos. Afinal, é um período em que aguardam um incremento expressivo na venda de seus produtos e, por essa razão, precisam seduzir os consumidores para que optem por eles.

A verdade é que ninguém sai de casa com o intuito de comprar um produto de valor alto somente por conta de uma promoção envolvendo sorteio. Para casos como esse, as promoções servem como um fator de desempate na decisão de compra, gerando incremento no volume de vendas. Ou seja, com produtos cada vez mais iguais, aqueles que oferecem o sorteio de um grande prêmio aos seus consumidores acabam tendo a promoção como um fator de decisão de compra.

O que impede as grandes marcas de oferecer promoções cada vez mais inovadoras é a legislação promocional, que deixa pouco espaço para que a criatividade das agências e empresas possa se desenvolver. Com isso, as campanhas são, muitas vezes, simples e repetitivas, alcançando sempre os mesmos resultados.

Ao mesmo tempo, campanhas muito complexas não vendem. Com seu cotidiano cada vez mais corrido, o consumidor opta por participar de promoções que exijam pouco esforço. Assim, campanhas envolvendo SMS são cada vez mais aceitas, pois a forma de participação é rápida e simples, mesmo que gere para o consumidor o investimento do valor de envio da mensagem. Afinal, não motivamos as pessoas a participar de nossas promoções. São elas que precisam se motivar a participar e, para isso, precisamos entregar a elas as armas certas.

Empresa: Kraft Foods Brasil

Nos exemplos apresentados anteriormente, notamos a presença de mecanismos simples de participação, correto? Depende. Se a promoção é focada no público jovem já ambientado com as tecnologias recentes, certamente a utilização de SMS, cadastro de números em *hot-site* ou redes sociais será bem-vinda. Porém, se o público a ser impactado na promoção é formado por idosos, continua sendo mais eficiente a utilização de cartas escritas à mão como mecanismo para a premiação. É claro que a tendência caminha para uma mudança desse cenário e, em um futuro próximo, a maioria da população estará inserida no mundo digital, facilitando a adesão em campanhas promocionais desse tipo.

Empresa: Grupo Marfrig

Com o surgimento das campanhas envolvendo SMS, nasceu um novo problema a ser administrado pelas marcas: o aumento das fraudes. É importante ressaltar, quando falamos de fraudes, que elas são mais comuns do que se imagina. Existem pessoas que têm como objetivo a obtenção do bem sorteado nas promoções, e para essa conquista, fazem o que for necessário.

Antigamente, para participar de uma promoção envolvendo sorteio, o consumidor comprava o produto, recortava parte de sua embalagem e a enviava à caixa postal da promoção. Com esse mecanismo simples, as empresas conseguiam se certificar de que aquele consumidor havia realmente comprado seu produto.

Atualmente, com cupons encontrados dentro das embalagens de produtos (conhecidos como *on-pack*) ou *pin codes* (números virtuais, usados em mecanismos envolvendo SMS), fica difícil para a empresa saber quem adquiriu seus produtos ou quem os violou, pegou seu cupom ou *pin code* e deixou o produto no ponto de venda.

Fraudes como essas, além de atrapalhar o bom andamento da promoção, causam prejuízo para a empresa, pois o produto violado passa a ser descartado pelos demais consumidores. Assim, as empresas tiveram de alterar a mecânica de suas promoções. Para isso, além do envio do SMS ou do cadastro do site, elas pedem que os consumidores guardem consigo a embalagem dos produtos adquiridos (com o número referente a ele), de forma que estes se tornem comprovantes de sua compra.

Essa estratégia evitou as fraudes, mas gerou outro trabalho por parte das empresas: comunicar aos consumidores que a embalagem deve ser guardada. Mas como fazer isso sem tornar a comunicação chata, e não dependendo apenas do regulamento da campanha? Sem dúvida, a empresa que melhor se saiu nessa situação foi a Perdigão.

Na campanha "Promoção de Verdade Perdigão", em um filme de 30 segundos, um casal apresentava a promoção e perguntava se, caso contemplado, quem ficaria com o prêmio: se quem comprava ou se quem comia o produto. Respondendo à pergunta do marido, a esposa dizia: "Quem ficar com a embalagem".

Entretanto, somada ao mecanismo de participação da campanha, a definição do prêmio oferecido por essa campanha também é de extrema importância, pois é ele que fará o consumidor se motivar a comprar o produto e participar da promoção ou não. Assim, a primeira dica que podemos dar é: ofereça ao seu público algum prêmio que tenha ligação não somente com seu produto, mas com o consumidor também.

Também é importante ser coerente quanto ao valor percebido do prêmio, pois consumidores odeiam ser enganados. Ou seja, quanto maior o valor do produto vendido, maior deve ser o valor ou a quantidade de prêmios oferecidos. Os números devem ser proporcionais e entendidos assim pelo consumidor.

Nesse momento, é fundamental entender a diferença entre o valor real de um produto e o valor percebido que ele carrega: valor real é o que encontramos na nota fiscal do produto, enquanto valor percebido é aquele que o consumidor imagina que ele vale. Um bom exemplo são as joias, que normalmente aparentam valer mais do que realmente custam. Nesse caso, têm um valor percebido maior que o real.

Exemplo de campanha que oferece dois grandes prêmios aos seus consumidores, um deles com o valor percebido ainda maior que o valor real. Trata-se de 50 calhambeques de R$ 50.000,00 (valor real), mas que aparentam custar ainda mais (valor percebido).

No exemplo do calhambeque da Nestlé, o prêmio ganha ainda outro destaque: não pode ser obtido pelo consumidor de outra forma que não seja a participação na promoção. Sendo assim, para ter um veículo desses na sua garagem, o consumidor precisou comprar produtos da empresa, cadastrar-se na promoção e ter muita sorte.

Outra vantagem em trabalhar com prêmios que não têm o valor conhecido pelos consumidores (apenas em regulamento da campanha) é o fato de, geralmente, termos o valor percebido do prêmio muito maior que o valor real, já que este não pode ser comparado com modelos similares vendidos no mercado.

O valor do prêmio, caso não seja de conhecimento do consumidor, deve constar no regulamento da campanha, e este deve estar disponível no *hot-site* da promoção e, também, no ponto de venda no qual é comunicada. Essa é uma imposição da legislação promocional, não sendo assim opcional.

Outra maneira de tornar a sua promoção diferente é alterar o mecanismo de entrega dos prêmios. Há alguns anos, a margarina Delícia e a esponja de aço Bombril ofereceram casas aos seus consumidores. Um prêmio extremamente comum, mas entregue de forma diferente: pelo artista de TV dos sonhos do consumidor. Para isso, cada uma das marcas ofereceu suas opções de artistas.

Outra imposição dessa mesma legislação é quanto ao número de premiados em cada campanha. Ficou estabelecido que, a cada 100 mil participantes, ao menos um deve ser premiado. Ou seja, se você imprimir 300 mil cupons, no mínimo três prêmios devem ser sorteados na campanha.

Por se tratar de um número baixo, a maioria das campanhas premia uma quantidade muito superior de consumidores, já que entende que é neste ponto que está o sucesso da campanha.

Sabemos que comunicar que serão sorteados 50 carros, e não apenas um carro, ajuda muito nas vendas do produto anunciado. Ainda mais importante é contar com a imagem dos contemplados pela promoção, já que o conhecimento deles faz com que novos consumidores passem a acreditar que o prêmio é mais fácil de ganhar.

Por fim, de nada adianta desenvolver uma ótima promoção se, no momento de sua comunicação, a marca optar por comunicar também a sua linha de produtos. É fundamental que toda e qualquer comunicação promocional fale apenas da promoção, e não da marca ou da linha de produtos.

Esse é o tipo de confusão comum em agências de propaganda; no momento de comunicar a promoção, a agência dá ênfase ao produto, deixando a promoção para os últimos cinco segundos do filme publicitário. O resultado é a baixa adesão. Por esse motivo, insistimos que a agência de Marketing Promocional deve estar envolvida em todo o processo de comunicação da ação.

A seguir, seguem algumas dicas para você que está desenvolvendo uma grande campanha e busca a participação expressiva de consumidores:

- Desenvolva uma mecânica promocional simples, que não demande muito tempo ou estudo do consumidor. Atente-se ao fato de os consumidores estarem cada vez mais ocupados, com outras coisas na cabeça. A não ser que você esteja seguro de que está com uma grande ideia na mão, o melhor é usar mecanismos que o consumidor já conhece por conta das inúmeras campanhas que utilizam mecanismos similares.

- Crie prêmios diferentes, exclusivos, que não são vendidos no mercado. Assim, o participante não terá como comparar, julgando se eles estão caros ou baratos. Bons prêmios são aqueles bens que você adoraria ter, mas que não são prioridades em sua escala de conquistas, como, por exemplo, um quadriciclo ou um *jet ski*.

- Opte, quando possível, por oferecer uma grande quantidade de prêmios, de forma que os consumidores percebam a grandiosidade da promoção e que é possível ser um dos premiados.

- Estude o consumidor e analise o que pretende ganhar em uma promoção: uma casa, um carro, uma viagem ou a educação dos seus filhos. Entenda qual sua aspiração ou objeto de desejo.

- Se o prêmio oferecido na campanha é comum, tente ser inovador na forma de premiação. Por exemplo, ao oferecer um carro, coloque no seu porta-malas uma série de prêmios extras (e os comunique).

- Premie a todos com algo que tenha relação com a sua marca. Não é adequado uma marca de tênis de corrida oferecer um sofá em uma promoção.

- O valor do prêmio deve ter alguma relação com o valor do produto oferecido. Ganhar uma bicicleta em sorteios realizados na compra de um sorvete é algo justo. Porém, ganhar uma bicicleta no sorteio realizado na compra de um apartamento não tem o apelo necessário para ser fator de decisão de compra.

2. Concurso Cultural

Concurso cultural é a modalidade que melhor pode substituir as campanhas envolvendo sorteios de grandes prêmios, já que se baseia, assim como elas, na premiação de um ou poucos consumidores. Ao mesmo tempo, trata-se de uma modalidade muito diferente das que apresentamos até o momento, já que tem em si algo único: o apelo não comercial.

Trata-se de uma modalidade promocional muito executada pelas pequenas e médias empresas e, ao mesmo tempo, a mais difícil de planejar. Essa dificuldade é refletida pelo reduzido número de profissionais que realmente entendem as regras da ferramenta e acarreta centenas de campanhas atuando fora da base legal. Entretanto, por incrível que pareça, é de fácil entendimento.

O primeiro ponto a ser compreendido é que concurso cultural é aquela modalidade que premia o consumidor que melhor desempenhar o papel solicitado pela campanha. Trata-se daquele que escreve a melhor frase, que tira a melhor foto, que faz o melhor desenho ou aguenta algum esforço físico por mais tempo. Ou seja, é premiado aquele que apresenta o melhor desempenho pessoal em determinadas tarefas.

Entendendo isso, é possível compreender o motivo de essa modalidade ser tão diferente das apresentadas anteriormente. Nela não exigimos sorte do nosso consumidor, mas desempenho pessoal em determinadas tarefas. Por conta desse fato (inexistência do quesito sorte), não necessitamos da autorização da CEF e da Seae para a execução de campanhas envolvendo concurso cultural. E é justamente aí que mora o perigo.

Muitas empresas optam por atuar com concurso cultural justamente por não depender do período de aprovação de campanhas solicitado pelas instituições, bem como pelo fato de não existirem as taxas cobradas por elas. Entretanto, esquecem que, assim como as demais modalidades promocionais, esta também tem regras que devem ser respeitadas. Caso contrário, as multas e penalidades impostas pela CEF para as campanhas envolvendo sorte podem valer para ela também.

O primeiro ponto a ser destacado é que, por se tratar de um concurso cultural, e não comercial, essa campanha não pode ter o foco em vendas. Com isso, existem diversas barreiras impostas pela legislação promocional, de forma que as vendas de produtos fiquem sempre em segundo ou terceiro plano. Infelizmente, nem todos sabem disso.

Sem dúvida, a maior característica dessa modalidade que a difere das demais é o fato de não poder ser atrelada à compra de produtos ou serviços. Ou seja, ela deve estar sempre disponível a todos, consumidores ou não da sua marca. Com isso, a relação marca/venda é totalmente descartada, assegurando assim um caráter cultural ou recreativo para as suas campanhas.

Um dos maiores erros cometidos pelas empresas que desenvolvem concursos culturais sem grande conhecimento da modalidade é incluir o nome da categoria, marca ou produto no enunciado da campanha, como, por exemplo, "Qual a margarina que deixa o seu café da manhã mais gostoso?"

Sem saber, a empresa está cometendo uma falha grave na sua campanha, já que esses concursos não permitem caráter comercial em seu enunciado e, por conta disso, a palavra "margarina" ou a sua marca jamais poderiam fazer parte da campanha. Além dela, o conceito "café da manhã" também não seria aceito, já que se trata de um momento no qual o produto pode ser consumido. Para corrigir esse enunciado, a marca poderia trabalhar com a pergunta "Como deixar sua vida mais gostosa?", já que ela não se refere diretamente à categoria, marca ou produto proponente da campanha.

Do mesmo modo que estes não são aceitos nos enunciados da campanha, o mesmo não pode ser aceito nas respostas dos consumidores. Justamente por conta desse detalhe encontrado apenas nos regulamentos de campanha, mais da metade de todas as participações de consumidores nessa modalidade costuma ser impugnada.

Somado ao critério apresentado anteriormente, são impugnadas frases que contenham outras diversas informações, tais como:

- Uso de frases indecorosas, preconceituosas, desrespeitosas, discriminatórias, injuriosas, caluniosas, difamatórias e/ou que, de qualquer outra forma, atentem contra a dignidade, a imagem, a reputação, a honra, a moral, a integridade ou direito de qualquer pessoa – incluindo-se pessoas jurídicas – independentemente de nacionalidade, etnia ou religião.
- Frases que atentem contra a ordem pública, os bons costumes e/ou qualquer norma jurídica vigente, especialmente as normas de propriedade intelectual.
- Do mesmo modo, serão desclassificadas as frases que apresentarem em seu conteúdo qualquer menção relacionada à venda dos produtos da empresa promotora ou quaisquer elementos que evidenciem caráter mercadológico.

Existem campanhas que são ainda mais complexas e exigem que todos os dados solicitados sobre o consumidor estejam preenchidos, de forma que uma simples informação faltante cause a impugnação dessa participação.

Dificultando ainda mais a participação do público, existem também algumas empresas que exigem que as frases sejam escritas da forma correta, sem erro de ortografia. O intuito dessa regra é gerar maior número de participações impugnadas, de forma que o julgamento das melhores participações se torne mais fácil.

Quanto aos dados dos consumidores, a legislação exige que sejam cobradas apenas as informações básicas para sua localização – caso este seja um dos premiados e precise ser localizado pela equipe de produção da campanha –, com nome completo, *e-mail* e telefone. Ora, existem informações melhores para gerar *mailing* de clientes?

Com isso, apesar de proibido, é fácil imaginar o principal motivo para a execução de campanhas envolvendo concurso cultural: a geração de *mailing* para que a equipe de vendas ou marketing da empresa possa trabalhar posteriormente.

E, justamente pela modalidade não exigir a compra de produtos para que o consumidor participe da campanha, ela normalmente trabalha com prêmios de menor valor real e percebido, de forma que a promoção se torne barata em comparação ao sorteio de prêmios. Ao mesmo tempo, prêmios de menor valor são bem compreendidos pelo consumidor, justamente pelo fato de não ter necessitado investir na compra de um bem ou serviço para concorrer a ele.

Por exigir maior tempo e atenção do consumidor, é uma ferramenta pouco motivadora de participação, já que se trata de uma modalidade trabalhosa. Assim sendo, sugerimos que campanhas envolvendo concurso cultural nunca caminhem sozinhas, sem a ajuda de uma promotora de vendas ou representante comercial que impulsione a participação de consumidores.

Participação esta que pode ser realizada por quantas vezes o consumidor quiser, já que a modalidade não permite número de participações máximas por pessoa. Com isso, é de ciência de todos que existem profissionais que se especializaram em pesquisar, estudar, participar e ganhar concursos como esse. Trata-se de participantes não quistos pelas empresas, mas que atuam totalmente dentro da lei.

Essa facilidade de participação é também explicada por outra norma imposta pela legislação promocional: por se tratar de um concurso cultural e não comercial, ele não pode acontecer somente dentro do ponto de venda do produto ou marca proponente da campanha. Com isso, muitas empresas optam por desenvolver um *hot-site* exclusivo da campanha, tornando a participação desses profissionais de promoção ainda mais simples, fácil e confortável.

Empresa: Ladeia Park

A maior dificuldade encontrada pelas empresas que desenvolvem essa modalidade é ter a certeza de que sua campanha está baseada em sorte ou desempenho pessoal. Vamos analisar a imagem anterior. Caso eu te pergunte quantas bolinhas há dentro dessa piscina, estarei te cobrando sorte ou habilidade de raciocínio?

Alguns dirão que se trata de habilidade de raciocínio, já que podemos contar quantas bolinhas temos a cada determinado espaço e multiplicá-los pelo tamanho total da piscina. Entretanto, outros afirmarão que, mesmo com essa análise, quem acertar o número de bolas que a piscina contém será uma pessoa de muita sorte. Sendo assim, como devemos proceder?

Sem dúvida, nesses casos, a melhor maneira de se trabalhar é desenvolver o plano de ação da campanha, levantar todos os documentos exigidos pela CEF e entrar com um pedido de autorização. Afinal, caso entenda que essa campanha exige sorte do participante, é ela quem deverá autorizá-la.

Ela também deve ser procurada quando sua campanha contar com objetivos nitidamente comerciais. Nesse caso, mesmo se tratando de uma modalidade que se assemelhe a concurso cultural, a CEF deve ser consultada. A boa notícia é que, caso seja aprovada, sua campanha poderá ter liberdade de criação, utilizando até mesmo o nome e a logomarca do seu produto na formulação do seu enunciado.

Existe ainda uma modalidade recente de promoção, a qual é utilizada por poucas empresas. É o chamado **concurso público**.

Trata-se de um concurso com características semelhantes às do concurso cultural, porém com a possibilidade de vinculação a uma marca, dentro dos critérios estabelecidos por lei, mas, sem a utilização do fator sorte ou vínculo à compra.

Sem a necessidade de certificado de autorização junto aos órgãos competentes, esse mecanismo é similar ao concurso cultural, exigindo a formação de uma comissão julgadora para determinar o participante que melhor atendeu os requisitos de participação.

O concurso público se caracteriza pela promessa de recompensa, com fundamento nos artigos 854 e seguintes da Lei n. 10.406/02 – Código Civil Brasileiro.

3. Vale-brinde

A segunda modalidade promocional mais lembrada quando falamos de sorte é o famoso vale-brinde. Enquanto os grandes sorteios têm por objetivo a criação de um fator de desempate entre a compra de um produto em detrimento do outro, os vale-brindes objetivam, além desse fator, a compra por impulso.

Normalmente, trabalhado por marcas de produtos de menor valor, o vale-brinde age de forma lúdica no ponto de venda, de forma que o consumidor tenha o impulso de adquirir o produto que oferece essa promoção. Assim como no sorteio, para que esse efeito ocorra com grande força, é necessária a instalação da comunicação pertinente a essa campanha em frente à gôndola do produto.

Um bom exemplo de segmento que trabalha regularmente com promoções envolvendo sorteio e vale-brindes são os postos de combustíveis. Torna-se fácil entender o motivo, quando analisamos que todas as bandeiras de postos vendem os mesmos produtos a preços similares, podendo ser encontrados em quase todos os bairros de todas as cidades do Brasil.

Empresa: ALE Combustíveis

Assim, para gerar mais visitação, é comum que cada um desenvolva uma estratégia promocional para atrair seu público. O exemplo a seguir se refere ao posto de gasolina Ale, que constantemente oferece promoções aos seus consumidores. Nelas, a bandeira atua sempre com a dobradinha sorteio e vale-brinde. Nas suas campanhas, a marca utiliza sorteios, para chamar a atenção dos consumidores com grandes prêmios, e vale-brindes, para atuar de forma lúdica e premiar o grande número de consumidores de forma imediata.

Empresa: ALE Combustíveis

Existem empresas que utilizam vale-brinde como uma ferramenta de sustentação de campanhas envolvendo grandes sorteios. Como comumente essas campanhas costumam ter longa duração, as empresas trabalham com vale-brinde para premiar seus consumidores durante esse tempo, de forma que não deixe a promoção morna, sem vida.

Ou seja, os vale-brindes podem ser utilizados como uma tática de sustentação de campanhas com grandes sorteios, como uma poderosa ferramenta de geração de impulso de compra por parte dos consumidores ou, então, como uma maneira de premiar o consumidor de forma imediata, trazendo para a campanha maior grau de urgência.

Empresa: Rede de Supermercados Comper

Porém, somado a isso, devemos destacar outra faceta positiva dos vale-brindes: trata-se de uma modalidade promocional de possível implantação em muitos ou em poucos pontos de venda, oferecendo resultados promocionais imediatos para as regiões em foco.

Vamos imaginar que determinada marca de sabão em pó esteja tendo dificuldade em reduzir os estoques dos seus produtos no interior de São Paulo e precisa resolver essa situação com rapidez. Nesse exemplo, caso a campanha já tenha sido aprovada pela CEF ou pela Seae, basta levar uma promotora até ele com uma série de cupons tipo raspadinha na bolsa, para que a promoção ative as vendas do seu produto.

Diferentemente dos grandes sorteios, nas promoções envolvendo vale-brinde é comum que as empresas trabalhem com prêmios de baixo valor real ou percebido. O que colabora com essa realidade é a norma estabelecida pela legislação promocional de que o valor máximo de cada brinde deve ser de R$ 400,00.

Com essa limitação, tanto as empresas quanto as agências de Marketing Promocional precisam rebolar muito para desenvolver brindes ou prêmios diferenciados para suas campanhas. Muitas vezes, optam por produzi-los na China, no qual encontram valores mais vantajosos para seus brindes, e os distribuem no Brasil.

Assim como nos sorteios, quando encontramos brindes que possuem valor percebido maior que seu valor real, as campanhas envolvendo vale-brindes ganham peso. Uma promoção que comprova essa afirmação foi a de um sabão em pó de uma grande empresa, ocorrida no Nordeste brasileiro.

Quem adquirisse o produto podia encontrar dentro da sua embalagem uma joia folheada a ouro. O sucesso em vendas foi enorme e facilmente explicado pelos consumidores entrevistados. Em sua maioria, comentavam que era a oportunidade de ganhar uma joia de ouro valendo algo em torno de R$ 200,00 a R$ 500,00. No entanto, o custo de cada joia não ultrapassava os R$ 2,00.

Vale ressaltar que em nenhum momento essa ou outras marcas que optam por campanhas como a apresentada anteriormente demonstram o interesse em enganar seus consumidores. O valor dos brindes de cada campanha está sempre no regulamento e à disposição de todos que demonstrarem interesse em lê-lo.

Outro exemplo de campanha de muito sucesso envolvendo vale-brinde foi o "Ipod no palito", da Kibon. Ela se baseava em 10 mil Ipods escondidos dentro de sorvetes da Kibon, que garantiram à marca o crescimento de 31% em vendas em relação ao mesmo período do ano anterior.

Empresa: Unilever Brasil

Parte do motivo do sucesso dessa promoção foi o grande número de Ipods oferecidos na campanha (10 mil unidades). Números como esses estimulam o consumidor a adquirir o produto oferecido e coincidem com a legislação promocional, que exige o mínimo de um premiado para cada 100 mil produtos participantes na campanha.

Entretanto, outro fator que impulsiona a venda de produtos é o desenvolvimento de campanhas que premiam tantas pessoas, de forma que todos conheçam ao menos um consumidor já contemplado por ela.

Nesse caso, a referência nacional é outra campanha da Kibon conhecida como "Palito premiado". Com duração de mais de uma década, suas últimas edições atuaram com 3.000.000 (três milhões) de prêmios e um mecanismo extremamente simples: bastava comprar um sorvete de fruta e, caso encontrasse um palito com o texto "Vale 01 Kibon Fruttare", trocar por um novo picolé com o sorveteiro.

Empresa: Unilever Brasil

Campanhas de vale-brinde podem ser realizadas por meio de postos de troca, SAC das lojas participantes ou com brindes *on-pack*. Para cada uma delas temos algumas vantagens e outras desvantagens. Vamos a elas:

Posto de troca: montar estruturas para entrega de raspadinhas ou troca de brindes em cada uma das lojas participantes da campanha exige um custo elevado (lembrando que a palavra "raspadinha" é marca registrada e não pode ser utilizada sem a devida autorização do detentor da marca). Apesar de mais efetivas, imagine o investimento para colocar mão de obra uniformizada, balcões de atendimento, brindes da campanha, entre outros, dentro de 200 super-mercados. Certamente, a verba destinada a muitas marcas não seria suficiente para atender nem mesmo a metade deles.

Somado ao valor, atuar com postos de troca significa ter de produzir entre 15% e 20% mais brindes que a mecânica *on-pack*, já que são comuns os furtos e sumiços de algumas unidades. Além disso, existe a necessidade de planejamento logístico, uma vez que, em algumas regiões, o brinde é entregue mais rapidamente que em outras. Com isso, torna-se necessário um estoque para cobrir eventuais faltas de brindes no posto de troca. Quanto melhor o brinde, maior a taxa de ocorrência.

SAC (Serviço de Atendimento ao Consumidor): quando falamos de SAC, sem dúvida estamos abordando a pior maneira de trabalhar a execução de campanhas com vale-brindes. Trata-se da utilização de uma estrutura (normalmente de terceiros) que não tem foco na troca de brindes, mas no atendimento geral aos clientes.

Com isso, a equipe de atendimento não veste a camisa da campanha, já que possui outros afazeres que considera mais importantes que esse para tomar conta. Quando atuamos com SAC de terceiros (de um supermercado, por exemplo), a situação fica ainda pior, já que a equipe entende que está prestando um favor para a campanha.

On-pack: normalmente essa modalidade torna a campanha mais barata, já que não demanda estrutura de campanha para sua execução. Entretanto, nem todas as marcas podem trabalhar com ela, já que utiliza o produto como guardião de possíveis brindes – a Anvisa não permite que uma série de alimentos inclua brindes na sua embalagem.

A logística de distribuição dos brindes *on-pack* também é simplificada, já que é feita a partir dos próprios produtos. Ao mesmo tempo, sua execução demanda maior atenção, pois, muitas vezes, altera a linha de produção das fábricas dos produtos.

O modelo mais famoso de vale-brinde são os premiadores instantâneos, como as raspadinhas, que carregam consigo alto grau de ludismo. Porém, temos outras opções de premiadores, a exemplo da molhadinha, da esquentadinha/esfregadinha ou da destacadinha. A primeira evidencia o possível prêmio quando colocada dentro da água; a segunda, quando esfregada pelas mãos do consumidor, e a terceira é um cupom lacrado.

Em comum, são pedaços de papel que servem como comprovantes para a troca do prêmio, que pode ser reclamado pelo consumidor em até 180 dias, mesmo que a campanha já tenha sido encerrada.

Cabe aqui a observação de que existem inúmeros outros premiadores instantâneos, dependendo sempre da criatividade da agência e de sua aplicabilidade na campanha.

4. *Self Liquidated*

Apesar do nome pouco conhecido pelos consumidores, o mecanismo do *self liquidated* é muito conhecido por cada um deles. É aquele que diz que, na compra de uma determinada quantidade de produtos de uma mesma marca ou tipo, mais determinado valor da moeda local, o consumidor ganha um brinde exclusivo.

Trata-se, normalmente, de brindes de valor relevante e qualidade percebida. Muitas vezes, podemos afirmar que as peças oferecidas são mais que brindes, são itens de *merchandising* das marcas que ficam expostos na casa do consumidor.

Apesar de muitos profissionais de marketing acreditarem que se trata de uma campanha de custo reduzido, já que os consumidores ajudam a pagar pelo seu brinde, a verdade não é essa. As marcas precisam investir uma grande quantia em dinheiro para pagar a estrutura da campanha, que não é nada em conta. Além do investimento nos brindes (que nem sempre são totalmente vendidos), existe o investimento em mão de obra, depósitos de materiais, parcerias locais, postos de trocas e tributos estaduais.

5. Junte-troque

Essa modalidade, de maneira geral, é muito conhecida pelo consumidor. De fácil entendimento, as campanhas que utilizam esse conceito não precisam gastar muito de sua verba para comunicar a mecânica, focando o tipo de oportunidade que a campanha oferece.

Como o próprio nome diz, basta juntar embalagens, cupons ou qualquer outro tipo de comprovação de compra e trocar pelo brinde/prêmio oferecido. Esse tipo de campanha tem um apelo muito interessante no que diz respeito à sustentabilidade e poderia ser muito mais utilizado pelas empresas promotoras, uma vez que ajuda a retirar das ruas as embalagens usadas, gerando menos lixo e promovendo a reciclagem.

Nesse tipo de operação, não é necessário Certificado de Autorização junto aos órgãos competentes, desde que todos tenham as mesmas chances e condições de participação.

Uma campanha de muito sucesso aconteceu em 2011, e seu resultado foi tão inesperado que motivou o fabricante a fazer uma nova edição na sequência. A agência criou uma campanha ousada e teve o apoio do cliente para implantá-la. Trata-se da Skiny, que ofereceu, sem nenhum tipo de sorteio, a oportunidade de o consumidor obter prêmios de alto valor percebido, bastando, para isso, a troca de embalagens dos produtos "Skiny".

A campanha "Tem Skiny pra mim?" teve como objetivo a integração de comunidades como escolas, condomínios, clubes, todos juntando embalagens para conquistar prêmios. Bastava juntar as embalagens e retirar os prêmios, havendo a possibilidade de ganhar até um minibuggy.

6. Comprou-ganhou

Falaremos agora da modalidade promocional campeã de vendas e, ao mesmo tempo, uma das que demandam um maior orçamento, já que depende da grande quantidade de brindes distribuídos para que funcione plenamente. É também a estratégia com maior número de nomes, como "comprou-ganhou", "compre e ganhe", "compre e leve", "pague e ganhe", entre tantos outros. No entanto, apesar do grande número de nomes, a estratégia é simples: a entrega de brindes ao consumidor quando ele opta por levar o seu produto para casa.

Atualmente, também é comum que empresas de serviços atuem com a mesma estratégia, como, por exemplo, a escola de línguas que oferece o material didático a todos que adquirem o seu serviço ou a academia de ginástica que isenta o valor da matrícula de todos os seus alunos que optarem por adquirir planos de duração mais longa. No entanto, oferecendo bens tangíveis ou não a quem adquire o seu produto ou serviço, a base estratégica da modalidade é a mesma: oferecimento de vantagens imediatas.

Trata-se da modalidade promocional que mais vende, pois é baseada, como afirmado anteriormente, na entrega de vantagens imediatas ao consumidor. Com elas as marcas atuam fortemente no fechamento de compras por impulso ou, então, por apressar a compra que seus consumidores pensam em realizar mais para a frente. Afinal, quando trabalhamos com "comprou--ganhou", deixamos claro ao consumidor que a campanha pode ser finalizada sem prévio aviso, como, por exemplo, no momento em que se esgotarem os brindes distribuídos.

Empresa: Unilever Brasil

A campanha torna-se cara pela quantidade de brindes que é necessário produzir para dar sentido à promoção. Vamos imaginar, por exemplo, que um determinado supermercado venda semanalmente mil unidades de manteiga da marca X e agora essa marca resolva oferecer um brinde a todos que adquirirem o produto na próxima semana. Nesse caso, a marca deve garantir o mínimo de mil brindes produzidos, além de todos os demais que suprirão o acréscimo de vendas que a marca terá na próxima semana – ganho exatamente por conta da campanha.

Assim, apesar da grande quantidade de produtos, na maioria das campanhas, as empresas optam por trabalhar com brindes de menor valor, de modo que a ação se pague. Não se trata de um erro, já que o consumidor entende que brindes de menor valor também são bem-vindos, já que ele não precisou investir nada a mais por conta dele.

No entanto, ou por falha do varejo ou da própria marca, houve casos em que, justamente no momento de atuar com essa campanha junto ao consumidor, algumas marcas atuaram também com reajuste do seu valor. Esse é sem dúvida um dos maiores erros que podem ser cometidos pelas marcas, já que essa coincidência (que pode não ser coincidência) pode ser entendida pelo consumidor como uma maneira de cobrar dele o valor do brinde distribuído.

Quanto ao brinde, é fundamental que ele estabeleça uma relação clara com o posicionamento, história ou benefícios entregues pelo produto ofertado. Desse modo, ele se torna também uma ferramenta efetiva de comunicação, que ajuda o consumidor a entender o conceito da marca.

Um bom exemplo que podemos citar foi a campanha de 90 anos da Citroen. Por meio dela, todos os consumidores brasileiros que adquirissem um carro da marca ganhavam uma viagem para Paris, cidade-sede da montadora.

Empresa: Citroën do Brasil

Além de um prêmio de valor relevante, ele se tornou muito importante para transmitir aos consumidores da marca não só a sua história, mas o conceito de classe e elegância trabalhado por ela. A viagem, além de tudo, também se tornou um grande atrativo de comunicação, ganhando espaço na mídia impressa e televisiva.

7. Degustação e Experimentação

Uma das estratégias mais utilizadas pelas marcas alimentícias quando pensamos em Promoção de Vendas é a degustação de seus produtos. Facilmente essa opção é entendida, já que a modalidade permite que o consumidor tire suas próprias conclusões sobre o produto que está experimentando.

O mesmo acontece com produtos que não fazem parte da categoria de alimentícios, como carros, aparelhos eletrônicos e até mesmo academias de ginástica, que permitem que seus consumidores as utilizem gratuitamente por alguns dias. Nada melhor que demonstrar seu produto na prática, não é mesmo?

Tanto a degustação quanto a experimentação de produtos são altamente eficientes para quebrar preconceitos que consumidores porventura tenham em relação a algumas marcas, bem como para a apresentação de novidades do mercado. Em alguns casos, a modalidade serve também como um verdadeiro manual de utilização do produto, mostrando ao consumidor o quanto é fácil fazer uso dele.

A tática parte do princípio de que o consumidor não "olha pelos olhos", mas também pelo tato, paladar, audição e olfato. Utilizamos os cinco sentidos humanos em todos os momentos de nossa vida e, certamente, isso inclui o momento de nossas compras. Melhor que um anúncio de macarrão é experimentar um pouco dele no supermercado, sentindo seu aroma, consistência e aparência quando pronto. Ou seja, utilizando degustação ou experimentação de produtos, oferecemos ao consumidor uma experiência completa – algo tão procurado pelas marcas.

Algumas marcas utilizam a estratégia para demonstrar ao consumidor que seu produto pode ficar mais saboroso ou útil quando bem preparado ou utilizado. Um exemplo prático do que citamos são as marcas de macarrão instantâneo que realizam degustações em supermercados. No ponto certo, elas demonstram a todos o quanto seu produto, se bem preparado, fica na consistência que o vemos nos comerciais de televisão ou fotografias de revistas.

O mesmo serve para equipamentos de grande tecnologia, como *smartphones* ou *notebooks*. Nas suas lojas encontramos sempre com facilidade promotoras das principais marcas demonstrando o quanto é simples a utilização de cada aparelho. A função de cada uma é alavancar as vendas dos seus produtos por meio da quebra da ideia de que o consumidor não conseguiria utilizar sozinho.

No caso dos alimentos, não por coincidência as promotoras oferecem a degustação dos seus produtos sempre em horários próximos às principais refeições, atuando em cada ponto de venda por duas semanas consecutivas. A estratégia é tirar proveito do momento "daquela" fome das donas de casa, que costumam realizar suas compras quinzenalmente (algumas marcas já atuam com presença semanal em cada supermercado, já que algumas consumidoras optam por compras semanais).

O sucesso desse tipo de campanha deve-se quase exclusivamente ao produto oferecido, e muito pouco à comunicação investida. Isso ocorre por conta de a compra nos supermercados ou grandes lojas se tornar muito racional, na qual a aparência, preço, formas, gosto e demais atributos dos produtos são levados mais em conta que os argumentos emocionais – tão encontrados nas demais formas e meios de comunicação, como a impressa, a virtual e a televisiva.

Normalmente, essas campanhas acontecem nos períodos de lançamento ou de reformulação de produtos, nos quais é importante que o consumidor os conheça. Trata-se de uma certeza para a marca de que o consumidor experimentou o seu produto de forma adequada, não restando dúvidas quanto ao seu produto ou, pior, uma imagem errada quanto a ele.

Porém, quando necessitamos realizar degustações de alimentos em diversos pontos de vendas simultaneamente, a campanha demanda um investimento elevado, já que necessita de grande estrutura para funcionar. Além da promotora e equipe de apoio da ação, muitas vezes, precisamos também contar com fornos elétricos, pontos de energia, pratos, talheres ou copos descartáveis, entre tantos outros.

A experimentação pode gerar uma surpresa agradável no ponto de venda. Tome, por exemplo, um consumidor que sempre compra a mesma marca de sabonete, não tendo interesse em comprar outra marca nem mesmo para experimentação. Colocando-se uma pia na gôndola dos sabonetes e uma promotora com um sabonete e uma saboneteira, o consumidor poderá experimentar o produto e ainda levar um brinde. Dessa forma, o fabricante conseguiu quebrar a inércia da compra e também gerou a experimentação do seu produto, contando ainda com o residual, pois o sabonete usado será levado pelo consumidor para sua casa, junto com a saboneteira.

IV

ATIVAÇÃO

Existem diversas maneiras de ativar marcas e produtos e discorreremos sobre as principais neste capítulo.

1. *Sampling*

Uma boa maneira de colocar qualquer produto nas mãos e no paladar dos consumidores é o *sampling* ou amostragem.

Usado de forma muito comum pelas agências de Marketing Promocional, o *sampling* pode gerar resultados surpreendentes para os fabricantes. Uma vez que o produto tenha qualidade e boa distribuição, essa ferramenta ajuda o produto a ser conhecido e experimentado pelo potencial comprador.

A distribuição de amostras não pode ser tímida e deve ser aplicada em grandes volumes para que parte dos consumidores impactados tenha contato e gere o impulso da compra, proporcionando volume nas vendas.

Bons exemplos de *sampling* acontecem no mercado, mas é importante lembrar que o canal de distribuição dessas amostras deve ser escolhido de acordo com o produto. Já há algum tempo as distribuidoras de gás descobriram que poderiam minimizar seus custos de distribuição dos botijões de gás aproveitando a visita porta a porta e entregar amostras de produtos.

Esse tipo de atividade atende interesses de toda a cadeia, uma vez que a amostra chega às mãos dos consumidores por um custo muito competitivo, porém não existe qualidade de abordagem nesse tipo de ação, uma vez que a equipe não é treinada e não fala sobre o produto, apenas o entrega.

Para se ter uma ideia das necessidades desse tipo de ação, quando feita por meio de equipe de promotores porta a porta, para um volume de 500 mil amostras, devem-se dimensionar o planejamento do geomarketing, tamanho de equipe, treinamento, prazo de distribuição, logística da equipe e dos produtos, uniformes, autorizações, seguros, bolsas, impostos, enfim tudo o que for necessário para que a ação aconteça sem imprevistos.

Todo esse planejamento pode gerar um custo médio entre R$ 0,50 e R$ 1,00 por amostra distribuída; logo, para distribuição de 500 mil amostras, o valor da operação pode chegar a R$ 500 mil. É claro que apresentamos aqui um exemplo próximo da realidade, porém os custos podem variar significativamente, dependendo do tipo de produto a ser distribuído ou se incluído o custo de produção da amostra no valor final.

Sendo assim, fica claro que a grande procura é por canais de distribuição alternativos e abrangentes para não gerar custos que inviabilizam a ação. Esses canais de distribuição têm grande abrangência, ou seja, são quantitativos e não qualitativos; o consumidor potencial é impactado junto com inúmeros outros consumidores que jamais se interessarão pelo produto.

Mesmo assim, esse tipo de ação vale pelo custo-benefício, desde que o valor unitário de distribuição seja baixo. Em alguns canais de distribuição, é possível segmentar de acordo com o público que nos interessa atingir, como, por exemplo, pedágios, balsas, companhia distribuidora de gás, cancelas de shopping centers, enfim tudo depende da criatividade da agência e da visão de negócio do canal distribuidor. Existem inúmeros potenciais canais de distribuição inexplorados, e cabe aqui um alerta para que empresas atentem para isso.

Os valores de custo do movimento de distribuição por amostra podem variar conforme o público impactado. Um produto distribuído para todos os passageiros de uma companhia aérea pode custar mais que um movimento de distribuição em uma feira livre, cabendo aí o bom-senso e adequação do canal.

2. *Blitz*

Essa atividade requer um planejamento criativo muito elaborado. Isso porque se for feita apenas uma distribuição, ela deixa de ser uma *blitz* e passa a ser um *sampling*.

A *blitz* se caracteriza pela forma diferenciada de abordagem e pelo local no qual o consumidor será impactado. Por exemplo, se um time de promotores distribuir algum tipo de amostra na praia, isso é *sampling* ou *blitz*?

Para ser uma *blitz*, a ação deve ter a característica de impacto pontual e atingir uma área geograficamente pequena. A *blitz* pode, por exemplo, visitar uma rua com inúmeros bares, mas focar apenas um bar para atuar, isso porque o público que frequenta esse bar é o potencial comprador daquele tipo de produto, *target* da ação.

Por ter uma característica muito parecida com o *sampling*, é comum esse tipo de equívoco; não é raro uma agência ser chamada para receber um *briefing* do cliente pedindo uma *blitz* e "brifando" um *sampling*. Cabe ao profissional de atendimento esclarecer que tipo de ação é mais adequado ao *briefing*.

Uma *blitz* pode ser usada não apenas para amostras, mas também para divulgação de serviços, shows e promoções. Enfim, respondendo ao questionamento anterior, uma mera distribuição de amostras na praia não é *blitz* e sim *sampling*.

3. *Flash Mob*

Ferramenta do marketing viral, essa recente forma de despertar a atenção do consumidor para determinado produto é, sem dúvida, um campo a ser explorado. Ações de *flash mob* se tornaram sucesso por causa da facilidade de divulgação na internet, por meio de vídeos no YouTube, porém é importante que haja um objetivo claro quando se constrói uma ação com essa característica.

A simpatia por uma marca pode ser "viralizada", porém a antipatia e o ridículo devem ser avaliados antes de lançar mão de uma ação de *flash mob*. A força desse tipo de ação é, às vezes, subestimada por alguns profissionais que, com o intuito de gerar *recall* positivo, acabam arranhando a imagem da marca, gerando rejeição e danos irreparáveis.

Como o próprio nome sugere, o *flash mob* tem o poder de mobilizar milhares de pessoas, fazendo com que ajam de forma coletiva objetivando um resultado comum; trabalhado conjuntamente com a internet, o *flash mob* é devastador, tanto para o bem como para o mal.

Existem inúmeros exemplos de ações de *flash mob* bem produzidas e que atingiram seus objetivos de comunicação, porém temos exemplos de fracassos absolutos.

Alguns *flashes mobs* não passam de brincadeiras interessantes, como o *"no pants"*, quando centenas de pessoas andam pelos metrôs no mundo sem calças. Pode ser uma forma muito divertida de protesto, porém dificilmente chegará a um resultado concreto.

Estar em uma estação de trem e de repente se ver envolvido por centenas de pessoas dançando de forma igual é surpreendente, mas, apesar dos milhões de acessos na internet a essas ações, poucas dessas marcas são realmente lembradas. Assim, a ação de *flash mob* deve ter claro um objetivo e ser muito bem produzida, caso contrário corre o risco de se tornar apenas uma brincadeira.

Recentemente no Brasil um fabricante de chocolates fez uma promessa de fazer chover barras de chocolate, mobilizando centenas de pessoas. A ideia era boa. Porém, uma boa ideia com uma produção medíocre fez com que a marca fosse hostilizada e no meio da ação: o nome do concorrente era citado em coro pelos participantes. O vídeo foi parar na internet e milhares de pessoas tiveram acesso ao fiasco. (Para encontrar os vídeos, faça uma busca no YouTube usando as palavras "chuva de chocolate".)

Sempre que planejar as ações de comunicação do cliente, não tema em incluir um *flash mob*, porém não o execute se não tiver certeza de que será bem planejado, bem produzido e com um objetivo definido. Se você é cliente, peça à sua agência de Marketing Promocional uma avaliação mais detalhada a respeito do assunto. Se for agência, avalie se o que está planejando é exequível com a verba e com o objetivo da marca.

V

MERCHANDISING

Neste capítulo veremos as definições sobre *merchandising*, a sua evolução e importância dentro do mix de marketing e comunicação, bem como desenvolver um composto de *merchandising*, tendo sempre um olhar do fabricante e outro do varejista.

Atualmente, parece haver um consenso, para não dizer uma "lei", entre fabricantes, intermediários (distribuidores, representantes, agentes etc.) e varejistas em utilizar/investir ativamente em *merchandising*. Dentro das suas estratégias de comunicação e marketing, é fundamental para que se possam obter resultados mercadológicos. Quando falamos de resultados mercadológicos, estamos falando de venda efetiva do produto ou serviço para o consumidor.

É fato que o cenário mercadológico e, em especial, do marketing e da comunicação vem mudando ao longo dos anos e assim será sempre. Antigamente, os consumidores tinham poucas opções de escolha de marcas e produtos. Atualmente, a diversidade de opções é tão grande e o surgimento, bem como a morte, de produtos e marcas é tão constante que, muitas vezes, nem temos tempo de identificar algumas delas.

Com isso ficou fácil entender que para conseguir "falar" com esse novo consumidor é preciso utilizar uma estratégia de marketing e comunicação integrada, valendo-se quando possível de todas as ferramentas e táticas da área da comunicação.

Já é um consenso geral que utilizar apenas a antiga mídia tradicional para levar sua mensagem ao consumidor não traz mais os resultados esperados. É preciso ser mais agressivo, interativo e, principalmente, ser mais colaborativo, deixando o consumidor participar desse processo. O consumidor quer interagir com o produto, e o ponto de venda é um excelente local para isso.

Dentro dessa realidade, a propaganda antiga todo-poderosa da comunicação mudou o seu papel. Em outros tempos, para obter sucesso bastava anunciar na televisão ou nos chamados meios tradicionais (jornal, revista, mídia exterior e rádio) que o seu produto não apenas aparecia, como também se tornava um sucesso de vendas. Com isso o produto obtinha visibilidade, tornava-se conhecido e, se fosse bom, era vendido, pois também era mais fácil achá-lo no ponto de venda. Como já mencionamos anteriormente, o cenário mudou, muitas marcas e produtos mudaram e a propaganda já não atende os anseios e necessidades dos anunciantes. Com isso, a propaganda muda o seu papel.

O professor doutor Paulo Rogério Tarsitanto, diretor da Faculdade de Comunicação da Universidade Metodista de São Paulo, costuma dizer que a Propaganda tem hoje um papel mais *soft*, enquanto a Promoção de Vendas e o *Merchandising*, um papel mais *hard*, nesse processo. Concordamos plenamente com essa afirmação. Em nossa opinião a Propaganda tem, sim, um papel mais *soft*, que é de informar, mostrar os atributos do produto, despertar o interesse, levar o consumidor até o ponto de venda, entre outros. Já a Promoção de Vendas e o *Mechandising* têm um papel mais *hardsale*, ou seja, de fechar a venda, de aproximar o produto do consumidor.

Além do mais, é no ponto de venda que o consumidor constata tudo aquilo que ora foi prometido na propaganda e, muitas vezes, ali decide o que comprar e qual marca comprar. Segundo Blessa:

> Como nenhum outro, o ponto de venda no varejo representa o momento e o lugar para onde convergem todos os elementos que compõem a venda: o produto, o consumidor e o dinheiro. (Blessa, 2005, p. XVI)

A partir de então, muitas empresas passaram a investir fortemente em *merchandising*, muitas até sem pensar nas ações que estavam fazendo e achando que investir de qualquer modo em *merchandising* traria resultado. Agora imagine diversas empresas atuando todas juntas em *merchandising* no mesmo ponto de venda: Será que elas conseguirão atingir o que era esperado? Provavelmente não. Outro fator importante é que para nós o *merchandising* não é simplesmente uma tática de marketing e comunicação. Atualmente, ele tem de ser planejado de forma estratégica, pois só assim conseguiremos obter aquilo que pode trazer de melhor para as marcas e produtos.

Foi pensando nesse cenário que decidimos dar uma atenção especial a este capítulo em nosso livro e de uma forma importante e direta, considerando o *merchandising* como uma das principais ações de Marketing Promocional.

Aqui também abordaremos a importância de todos os envolvidos no processo de *merchandising*: *merchandisers*, promotores, repositores, balconistas, vendedores, fornecedores, assistência técnica, ativadores, vitrinistas etc., para que possamos ter um padrão de identidade e consigamos criar uma ambientação favorável para o produto, na visão do fabricante, e para a loja, na visão do varejista.

O objetivo é criarmos vínculo entre o consumidor e o produto, a marca e o ponto de venda.

Definição de Merchandising

Infelizmente, na literatura brasileira não temos muitas publicações que tratam ou discutam exclusivamente o *merchandising*. Isso até parece um contrassenso, em virtude de tudo o que apresentamos na nossa introdução e das notícias que vemos constantemente no mercado.

Algumas publicações que falam sobre Promoção de Vendas colocam uma pequena parte para o *Merchandising*, entendido este como um forte aliado da Promoção, o que é uma verdade, mas não é apenas isso.

Por essa razão, nossa proposta foi trazer nesta publicação um estudo sobre o *merchandising*. E, de fato, para que possamos prosseguir, é preciso que tenhamos clara a definição e o conceito do que é o *merchandising*.

Para tanto, colocaremos algumas definições encontradas na literatura nacional para que possamos não apenas comentar, mas, principalmente, extrair o que nos trazem de importante para uma compreensão melhor dessa valorosa atividade.

Regina Blessa, em seu livro *Merchandising no Ponto de Venda*, define *merchandising* da seguinte forma:

> Merchandising *é qualquer técnica, ação ou material promocional usado no ponto de venda que proporcione informação e melhor visibilidade a produtos, marcas ou serviços, com o propósito de motivar, influenciar as decisões de compra dos consumidores.* (Blessa, 2005, p. 1)

Segundo a American Marketing Association (apud Ferracciù, 2007), é a operação de planejamento necessária para pôr no mercado o produto ou serviço certo, no lugar certo, no tempo certo, em quantidades certas e a preço certo.

Essa definição traz um importante conceito utilizado nos Estados Unidos que aponta que para eles o *merchandising* é todo o processo desde o estudo da concepção do produto e embalagem até a análise de performance desse produto no ponto de venda.

Ferracciù ainda coloca em seu livro que:

> *É toda forma de atividade e prestação de serviços planejada ou impro-visada, aproveitando áreas de oportunidade, executada no âmbito da loja, que tem por objetivo acelerar a rotação do produto.* (Ferracciù, 2007, p. 44)

Para Costa e Crescitelli:

> *É toda ação de valorização e enriquecimento do produto, no ponto de venda, destacando-o da concorrência, levando o consumidor à decisão final de compra.* (Costa e Crescitelli, 2003)

Ainda neste mesmo livro podemos encontrar uma definição que Costa e Crescitelli consideram a mais completa e que resume a razão de ser do *merchandising*, feita por Joaquim Caldeira da Silva:

> *É o planejamento e a operacionalização de atividades que se realizam em estabelecimentos comerciais, principalmente em lojas de varejo e au-tosserviço, como parte do complexo mercadológico de bens de consumo, tendo como objetivo expô-lo ou apresentá-lo de maneira adequada a criar impulsos de compra na mente do consumidor ou usuário, tornando mais rentáveis todas as operações nos canais de marketing.* (Silva, 1995 apud Costa e Crescitelli, 2003, p. 232)

Poderíamos colocar algumas outras definições que apresentariam um ou outro ponto a respeito da atividade e sua natureza, ou do seu objetivo, ou mesmo do seu cotidiano. O que é importante ressaltarmos é que em todas temos um ponto central comum: o ponto de venda.

Ou seja, quando falamos de *merchandising* estamos falando de ações que ocorrem no ponto de venda e que buscam dar destaque para o produto ou serviço.

Apresentamos aqui nossa definição, que extrai um pouco do que cada um de nossos colegas escritores contempla em suas obras, valorizando o que acre-ditamos ser pertinente:

> Merchandising *é qualquer técnica, ação ou material promocional usados no ponto de venda com o objetivo de destacar marcas, produtos ou serviços que ora foram colocados em quantidade, local, tempo e preço certos de modo a influenciar a decisão de compra do consumidor, dando maior velocidade a sua rotatividade.*

Entendemos que:

a) Algumas técnicas são: vitrinismo, exibitécnica, visual *merchandising*, aromatização, sonorização, layout de loja, setorização, entre outros.

b) Algumas ações: degustação, demonstração, *sampling*, atendimento, ações de ativação, entre outros.

c) Alguns materiais promocionais de *merchandising*: *wobbler*, *stopper*, faixa de gôndola, cartaz, móbile, adesivo de chão, entre outros.

Todos os itens anteriormente descritos serão explicados de forma detalhada nos próximos capítulos, nos quais trataremos de um dos assuntos de forma individualizada.

Importante ressaltar que o *merchandising* é muito dinâmico, pois assim são o varejo e a operação de loja, e, por isso, tem de sofrer transformações constantes e que saltam aos olhos dos consumidores.

Alguns Conceitos Importantes

Quando falamos em marketing, a primeira ideia que vem à cabeça é vender, isso quando os leigos não confundem marketing com as ações de comunicação e propaganda.

Sem dúvida, quando o plano de marketing é elaborado, tem como objetivo principal determinar como serão feitas as vendas de determinado produto, olhando a sua distribuição, preço e comunicação. O que devemos entender é que a estratégia de marketing busca, grosso modo, vender o produto ou serviço da empresa para o consumidor, entendendo que existe todo um processo de relacionamento para que isso aconteça, ou seja, o objetivo final é vender, mas não que isso ocorra de forma imediata. Como assim? Posso lançar um produto e gradativamente ir aumentando seus objetivos de vendas, de acordo com o relacionamento que esse produto vai desenvolvendo junto ao seu consumidor.

Podemos ter uma situação em que uma marca ou produto tem um problema de imagem e, em virtude disso, inicialmente seja realizado um trabalho de relações públicas ou propaganda para melhorar a imagem e depois retomar as vendas e assim sucessivamente.

Estamos fazendo este preâmbulo, pois quando falamos de *merchandising* queremos que a venda aconteça agora. O investimento em *merchandising* é feito visando retorno de forma rápida para a empresa, pois busca, como já vimos, influenciar a decisão de compra no consumidor no momento em que ela está sendo realizada.

Por essa razão, apresentamos a seguir alguns conceitos que nortearão o desenvolvimento do capítulo de *merchandising*.

➤ **Marketing:** É o processo de planejamento, execução, preço, comunicação e distribuição de ideias, bens e serviços, de modo a criar trocas (comércio) que satisfaçam os objetivos individuais e organizacionais. (Kotler, 2000). Outra definição importante é do professor Mitsuro Yanaze (2011): "Marketing pode ser entendido como a definição e o conhecimento de determinado produto ou serviço e a forma como eles são elaborados e colocados no mercado. Portanto, marketing nada mais é do que o planejamento adequado da relação produto-mercado".

➤ **Trade Marketing:** Conjunto de práticas de marketing e vendas entre fabricantes e seus canais de distribuição com o objetivo de gerar valor por meio da satisfação das necessidades e melhoria da experiência de compra dos *shoppers*, podendo beneficiar mutuamente fabricantes e seus clientes conforme as relações de poder entre ambos (D'Andrea, Cônsoli e Guissoni, 2011).

➤ **Promoção de Vendas:** "É a técnica de promover vendas. Não implica propriamente vender, mas empenhar-se por meio de qualquer ideia ou ação para que isso aconteça. Em suma: prepara o caminho para a execução de vendas em massa" (Ferracciù, 2007).

➤ **Propaganda:** É a divulgação de um produto, marca ou serviço com o objetivo de informar e despertar o interesse de compra nos consumidores e, dessa forma, levá-los até o ponto de venda para adquirir o produto.

➤ **Publicidade:** É tornar algo público.

➤ **Merchandising:** É qualquer técnica, ação ou material promocional usado no ponto de venda com o objetivo de destacar marcas, produtos ou serviços que ora foram colocados em quantidade, local, tempo e preço certos de modo a influenciar a decisão de compra do consumidor, dando maior velocidade à rotatividade do produto dentro da loja.

➤ **Merchandising Editorial – Product Placement:** Entendemos como *merchandising* editorial a aparição (verbal ou visual) de uma marca, produto ou serviço de uma forma discreta e dentro do contexto de algum programa de televisão, novela, filme, seriado, revista, livro, peça de teatro ou similar.

➤ **Ponto de Venda:** Entendemos como ponto de venda todo e qualquer lugar no qual o consumidor possa adquirir o produto ou serviço exposto, como, por exemplo, lojas, barracas de camelô, feiras livres, farmácias, supermercados, padarias, bancas de jornal, lojas de esporte, material de construção, bancos, lojas virtuais na internet, a própria casa do cliente (quando a venda é feita porta a porta).

➤ **Visual *Merchandising*:** É toda a ambientação e padronização do ponto de venda. É uma das principais ferramentas do *merchandising*, pois cria todo o clima e identificação visual da loja. Feita em conjunto por profissionais de *design* de interiores especializados em varejo e profissionais da área de *merchandising*.

Origem e Evolução

Antes de apontarmos para os elementos que deram início às atividades de *merchandising*, bem como a evolução desses elementos para o que entendemos e praticamos atualmente, vale a pena fazer um estudo sobre a origem da palavra e a tradução do seu significado para o português.

A palavra *merchandise* significa "mercadoria" e *merchandiser* significa "negociante" ou "mercador", pois se entende que seja a pessoa que trabalha com a mercadoria, da mesma forma que pensamos em *play* (jogada) e *player* (jogador).

Ainda tendo como base o idioma de origem, quando utilizamos *merchandising* teríamos de traduzir como "mercadização", da mesma forma que *playing* (jogando). Ou seja, se apenas utilizássemos a tradução da palavra para o idioma português, ficaríamos com uma expressão que efetivamente não traduz o que é a atividade, pois nesse caso *merchandising*, sendo uma derivação da palavra *merchandise*, seria traduzido como "operação com mercadorias".

Muitos profissionais da área buscam discutir quando as atividades de *merchandising* tiveram início, tentando colocar dessa forma em uma ordem cronológica ou algo do tipo. Podemos, então, dividir esse tema sob dois aspectos:

1. As atividades de *merchandising* em si, sem consciência efetiva de trabalhá-las com uma ferramenta de marketing.
2. Uso de forma estratégica como ferramenta impulsionadora de vendas.

Se entendermos que *merchandising* é qualquer ação que fazemos no ponto de venda para dar mais visibilidade a produtos e, dessa forma, chamar a atenção do potencial consumidor, então podemos dizer que o *merchandising* existe desde a época da formação da civilização em cidades e na qual houvesse qualquer tipo de atividade mercadológica de produtos, seja pela troca (escambo) ou com o envolvimento de moeda corrente.

Em filmes que retratam essa época, verificamos as diversas feiras que existiam dentro dos muros das cidades e pessoas que gritavam para chamar a atenção para suas barracas e produtos. Se vendiam tecidos, buscavam demonstrar o tecido, deixando que as pessoas pudessem tocar o produto (demonstração); se vendiam um produto alimentício, ofereciam um pedaço do que estavam vendendo (degustação); colocavam placas indicativas (sinalização) e tantas outras técnicas que faziam com que o consumidor dedicasse maior atenção ao que estava sendo oferecido. Todas essas atividades são atividades de *merchandising*, mas é claro que as pessoas que faziam isso, nessa época, não pensavam nem denominavam tais ações como *merchandising*, ou seja, faziam o certo para aumentar suas vendas, mas não sabiam que estavam trabalhando com uma poderosa ferramenta de marketing.

O *merchandising* como ferramenta de marketing e impulsionadora de vendas surgiu em conjunto com o próprio marketing nos Estados Unidos e teve seu uso de forma mais intensa a partir do surgimento do autosserviço, mais precisamente na década de 1930 nos Estados Unidos e por volta da década de 1950 aqui no Brasil.

Para podermos destacar o uso dessa ferramenta e como os comerciantes da época perceberam sua importância, cabe uma pequena história. Antigamente, nossos avós faziam compras em pequenas mercearias e armazéns. Iam na mercearia do seu Zé, que ficava atrás do balcão aguardando os pedidos dos fregueses que, muitas vezes, chegavam com uma lista pronta de casa e pediam: arroz, feijão, óleo (que eram vendidos a granel, muitos consumidores levavam sua lata de óleo, seu Zé bombeava uma grande vasilha de óleo para poder encher cada lata de cada consumidor), bolachas (que não tinham embalagem, eram colocadas em sacos plásticos transparentes e pesadas na balança do estabelecimento) e por aí vai.

Depois de algum tempo, seu Zé começou a perceber que algumas mercadorias que ele deixava expostas no balcão vendiam mais que as mercadorias que ficavam no fundo do estabelecimento. E que essas mercadorias eram compradas mesmo não estando na lista que o freguês trazia de casa.

Ora, se a mercadoria que fica exposta vende mais, o que aconteceria se tivéssemos uma exposição de todas as mercadorias? Dessa forma, começaram a surgir as primeiras prateleiras e balcões com os produtos expostos. Nesse momento surgiu uma "primeira" regra que até algum tempo era verdade absoluta: mercadoria que não está exposta não vende. Colocamos como verdade absoluta até um tempo atrás, porque atualmente o entendimento é outro: mercadoria que não está bem exposta não vende. Não adianta estar exposta, precisa estar *bem* exposta, ou seja, às vezes uma mercadoria exposta de forma errada ou com algum problema na sua exposição é pior do que não estar exposta.

Dentro da loja também começaram a ocorrer mudanças: o maior uso de prateleiras, balcões demonstrativos, vitrines internas e externas para poder expor os produtos e deixá-los ao alcance do consumidor para que ele pudesse tocar, ver, sentir o produto.

Daí para a evolução do autosserviço foi um passo. É claro que muitos anos se passaram até surgirem os primeiros supermercados e lojas de departamento de autosserviço.

Outro ponto importante foi o uso de forma estratégica da vitrine. As vitrines chamavam a atenção das pessoas que passavam pelas ruas e eram um forte atrativo para que entrassem na loja, e os comerciantes passaram a investir cada vez mais para deixar sua vitrine mais bonita e atrativa para os potenciais consumidores.

Nesse primeiro momento, o *merchandising* era pensado na loja como um todo, ou seja, buscava deixar a loja mais bonita e atrativa e, por isso, as mudanças mais relevantes aconteceram no layout das lojas.

Atualmente, o *merchandising* é mais completo e complexo e, como já citamos anteriormente, visto por dois ângulos de visão distintos: do fabricante e do varejista.

Nós também concordamos que o ponto de venda torna-se uma mídia excepcional para impactar o potencial consumidor/comprador, desde que possamos utilizar todas as técnicas possíveis para levar informação que possa ajudar a tomar uma decisão de compra ou desperte um desejo por determinado produto.

Sentidos e Percepção

Para os profissionais de marketing e, principalmente, para os profissionais de *merchandising*, percepção é um conceito muito importante na prática do dia a dia das atividades mercadológicas que buscam encantar o consumidor. É claro para todos que o que vale é a percepção que nosso consumidor tem do nosso produto e da nossa marca, não é a percepção dos diretores ou da agência, por isso cada vez mais as empresas têm investido em pesquisas nessa área.

Quando falamos da montagem de uma loja, ou na execução de uma ação de *merchandising* dentro do ponto de venda, temos de ter a preocupação e entender as diferenças entre sentidos e percepção. De uma forma muito simplista, podemos dizer que SENTIDOS todos nós temos e sentimos, seja ele olfativo, visual, auditivo, de paladar ou do toque, já a percepção é de cada um. Portanto, quando executamos uma ação poderemos ter uma grande variedade de respostas, pois cada consumidor reagirá de uma maneira.

O profissional de *merchandising* tem de buscar antever quais serão os principais tipos de respostas que poderemos ter naquela ação, lembrando que os *sentidos* levam às lembranças do que o consumidor tem guardado em sua memória.

Por exemplo, se decidirmos aromatizar (uma das técnicas de *merchandising*) o corredor de salgadinhos e *snacks* do supermercado com o cheiro de *bacon* para influenciar a decisão de compra do consumidor daqueles produtos específicos.

Entendemos que SENTIDO: todos os consumidores sentirão o cheiro de *bacon* naquele corredor. PERCEPÇÃO: podemos ter consumidores que ficarão com vontade do produto e comprarão mais salgadinhos, outros consumidores poderão ficar enjoados com o cheiro, outros poderão lembrar-se de um momento da infância no qual comiam salgadinhos com os colegas, outros lembrarão que se esqueceram de comprar os produtos para os filhos, e assim por diante.

É claro que o que buscamos é tentar obter uma resposta mais uniforme e que esta seja a mais interessante para a performance do produto no ponto de venda. Um dos exemplos mais marcantes quando falamos de "cheiro" é o cheiro de pãozinho que sentimos ao entrar na padaria no fim da tarde, ou quando subimos no elevador com alguém carregando uma pizza, dá para resistir? Mesmo que estejamos satisfeitos, ficamos com vontade de consumir tais produtos.

Para trabalhar isso de forma focada e buscarmos obter as respostas previamente determinadas, precisamos entender quais estímulos podemos usar e como impactam o consumidor e, dessa forma, entender como o consumidor distingue os produtos no ponto de venda e até como ele categoriza esses produtos. Temos de buscar como o consumidor anda pelo ponto de venda, para onde está olhando, em qual velocidade ele passa por determinados corredores, e assim por diante. Sabendo disso, temos uma maior eficácia no uso de técnicas que vão gerar estímulos e percepção aos consumidores.

É claro que, de acordo com o tipo de produto e de loja, podemos utilizar essas técnicas de forma estratégica; por exemplo, na padaria, podemos usar a aromatização, e em uma loja de roupas, o impacto visual da exibição dos produtos.

A pesquisa da Veronis, Suhler & Associates, aponta que aprendemos 1% pelo paladar, 1,5% pelo tato, 3,5% pelo olfato, 11% pela audição e 83% pela visão. Podemos concluir que a parte de percepção visual é muito importante, pois o consumidor gosta de ver o que está comprando, e podemos até lembrar a velha frase do marketing de que "o consumidor compra com os olhos". O importante é entendermos quais desses estímulos e sentidos mais influenciam a decisão de compra sobre cada um de nossos produtos.

Comportamento do Consumidor

Quando vemos um tópico falando sobre comportamento do consumidor, logo pensamos que virão teorias da psicologia para analisar como o consumidor age e se comporta ao ser impactado por ações de comunicação e marketing ou mesmo buscar estudar o formato de consumo consciente, entre tantos outros assuntos que norteiam essa área. Sim, o estudo da psicologia é importante para que possamos ter base para entender o comportamento humano, mas aqui teremos um foco prático e objetivo referente a como ele se comporta em diversos tipos de ponto de venda.

Para tanto, a primeira "regra" que vamos colocar é que a mesma pessoa, consumidor, tem comportamento diferente em cada tipo de ponto de venda, ou seja, a mesma pessoa age de um modo quando está em um supermercado ou quando está em uma farmácia, em uma padaria, em uma loja de esportes e assim por diante.

Uma coisa que temos em comum, independentemente de qual tipo de ponto de venda estejamos falando, é que todas as pessoas têm falta de tempo. E quando falamos, principalmente, do perfil do consumidor brasileiro, estamos falando de uma percepção de espera ainda menor. Segundos parecem horas e, em muitos casos, o limite para desistência é de apenas um minuto.

Se fizermos um comparativo entre as mulheres da década de 1960 e as de hoje, teremos diferenças significativas não apenas no comportamento e na sua importância perante o mercado, mas na relação com o tempo, pois antigamente essa mulher era apenas mãe e esposa, atualmente, além de ser mãe e esposa, ela é uma profissional que trabalha, busca atualizar-se fazendo cursos, faz academia, cuida da aparência indo ao salão de beleza e centros estéticos, busca os filhos na escola etc. E como fica o tempo para as atividades domésticas como, por exemplo, ir ao supermercado ou à farmácia?

Antigamente dizíamos que era mais interessante manter o consumidor mais tempo dentro da loja, pois dessa forma passaria mais tempo comprando e, em geral, fazendo uma compra por impulso, e isso era uma verdade. Ora, se tínhamos essa convicção, buscávamos manter o consumidor mais tempo na loja por meio de estratégias de visual *merchandising*, ofertas, atratividade e interatividade e demais ações que despertassem a vontade de permanência na loja. Melhor dizendo, podemos afirmar que, se um consumidor tivesse 30 minutos para realizar uma compra, gostaríamos que ele ficasse durante esse período dentro da loja.

Em geral, em muitas lojas, o que acontecia é que o consumidor ficava, sim, 30 minutos na loja, mas levava 25 minutos para encontrar o que queria e só conseguia entreter-se com a loja por mais 5 minutos, e as compras por impulso não ocorriam na escala imaginável.

Atualmente, trabalhamos com um conceito diferente: queremos que o consumidor encontre o que precisa em 5 minutos, para que dessa forma possa entreter-se com a loja por 25 minutos. Para isso, temos de utilizar técnicas melhores como sinalização da loja, sinalização digital, layout da loja, entre outras que veremos a seguir.

O consumidor sempre terá seu comportamento permeado na busca pelo produto, seguida pela sua compra, depois pela sua utilização e, por fim, pela avaliação desse produto em função de sua experiência com ele.

Outro fator importante a se destacar é que todo *shopper* (comprador) tem, em sua cabeça, o que chamamos de árvore de decisão de cada categoria de produto, levando em conta diferentes e diversos aspectos sobre o produto e marca. Observe um exemplo de árvore de decisão de compra na categoria Chocolates Tablete, publicado no site Supermercado Moderno:

ÁRVORE DE DECISÃO
Veja, por ordem de raciocínio, o que o *shopper* mais valoriza na categoria
FORMATO
MARCA
SABOR
PREÇO

Fonte: Kraft Foods. In: Guia prático de sortimento 2008 – Guia Categorias. *Revista Supermercado Moderno*, maio de 2008, p. 96. Disponível em: <http://www2.sm.com.br/publique/media/2008_ed05_SM_MAIO_2008.pdf>.

Entendendo a psicologia do consumidor, seu comportamento de consumo e sua árvore de decisão, é possível pensar em estratégias de *merchandising* mais eficientes e eficazes no ponto de venda.

Outro fator importante a se destacar é que nem sempre o consumidor é o *shopper* do produto, ou seja, quem compra o produto não necessariamente é quem o consumirá ou utilizará, dessa forma não tendo um contato íntimo com ele. Portanto, quando falamos em comportamento, teremos de analisar o comportamento do *shopper* e do consumidor, quando em alguns casos eles não forem os mesmos.

Nesse caso, o que devemos observar é que o processo de decisão de compra, que veremos mais propriamente no próximo tópico, muitas vezes acontece no ponto de venda, não apenas com informações que ali são encontradas, mas levando em consideração toda a relação que o consumidor tem com aquela marca ou produto.

Ou seja, o comportamento do consumidor para com um determinado produto ou marca também está relacionado ao grau de relação que ele tem com essa marca, e como veremos adiante, o *merchandising* é uma forma de tangibilizar um pouco dessa relação.

Compra por Impulso (Tipos de Compra)

O consumidor tem basicamente dois tipos de comportamento com relação ao modo de comprar seus produtos: a compra planejada e a compra por impulso.

A compra planejada, como o próprio nome diz, é uma compra feita de forma coordenada e pensada pelo consumidor. Geralmente, isso ocorre quando falamos de uma compra de valor maior e de bens mais duráveis, como uma casa, um carro ou um eletrodoméstico de alto valor. O consumidor pensa em como pagar, em qual momento efetuar essa compra e, muitas vezes, como isso influencia o seu orçamento mensal, e vai para essa compra de uma forma dirigida, ou seja, já tendo feito pesquisa de preço em diversas lojas e indo para a loja com intenção de comprar apenas aquele item que foi estudado.

Já a compra por impulso é um processo decisório não planejado e extremamente rápido que dura apenas alguns segundos e, em geral, influencia o consumo de produtos não duráveis e de fácil consumo, como alimentos, bebidas, doces, roupas etc. Para tanto, devemos utilizar diversas técnicas que serão apresentadas posteriormente para influenciar essa decisão de compra. Veja alguns dos itens que podem ajudar na compra por impulso:

- Exposição de forma diferenciada do produto: Um dos itens que chamam a atenção do consumidor é quando quebramos o padrão habitual e usual de exposição do produto, ou seja, ele sempre está acostumado a ver o produto de uma determinada forma ou no ponto regular de exposição. Quando o colocamos em um ponto extra de exposição ou com outro produto correlato (*cross merchandising*) ou simplesmente damos mais destaque a ele, isso salta aos olhos do consumidor. Por essa razão, há mudança constante nas montagens de vitrines.

- Ofertas especiais: Quando colocamos determinado produto em uma oferta especial de preço, por exemplo. O consumidor está no supermercado e de repente ouve do locutor a oferta de um determinado produto por um preço imperdível. Com certeza, o consumidor correrá para aproveitar a oferta e levar aquele produto de forma impulsiva. Isso acontece muito em saldões ou liquidações.

- Materiais de ponto de venda: A utilização de materiais de ponto de venda que façam o consumidor lembrar-se do comercial de determinado produto e despertem o interesse pela experimentação.

- *Fast Llane*: A colocação de produtos na linha do caixa rápido. Enquanto o consumidor está na fila esperando, vai consumindo produtos que estão à sua disposição, de fácil acesso e, principalmente, de valores pequenos.

Se por um lado esses itens ajudam na compra por impulso, também podemos ter problemas em gerar essa compra por impulso, quando o produto não está bem exposto, por exemplo. Muitos dizem que um dos principais preceitos de marketing é: produto não exposto não vende. Podemos dizer que isso é uma meia-verdade, pois acreditamos que o produto que não é *bem* exposto não vende, ou seja, não adianta o produto estar mal exposto ou colocado de forma errada no planograma, ele também não terá uma boa performance de venda. O produto precisa estar bem exposto e com fácil acesso para ser adquirido.

É preciso entender quais tipos de produtos vendemos e em qual tipo de loja e, principalmente, compreender qual a experiência de compra que está sendo gerada. Alguns autores apontam, por exemplo, que a arrumação confusa é uma barreira para a compra por impulso, e isso pode ser verdade em 95% dos casos, mas se a loja tem como experiência de compra ser desorganizada, isso pode ser um incentivo para a compra e não uma barreira.

Veja alguns exemplos de barreira para as compras por impulso:

- Gôndolas desorganizadas;
- Ruptura de produtos nas gôndolas;
- Excesso ou falta de produtos;

- Falta de preços e informações sobre o produto;
- Vitrines com poucos produtos ou com excesso de produtos e informações.

Técnicas de Merchandising

1. Sinalização no PDV

Tradicionalmente, o varejo investe em sinalizações indicativas para permitir que o cliente encontre rapidamente aquilo de que precisa. Por outro lado, a ausência de sinalização indicativa adequadamente posicionada pode proporcionar a sensação de desorientação. Portanto, mais do que agilizar as compras, o objetivo dessas sinalizações é fazer com que o cliente sinta que domina o espaço físico, gerar familiaridade com o ambiente e, enfim, tornar a compra mais tranquila.

Existem diversas formas de se fazer essa sinalização indicativa. Nos grandes varejistas encontramos a sinalização aérea, sinalizadores verticais nas entradas das gôndolas (voltadas para o corredor central), as placas informativas sobre produtos específicos, as indicativas de segmentações por categoria de produtos, adesivos de chão e uma infinidade de possibilidades de apontar para o produto, identificar e promover suas características, aprimorar a usabilidade e oferecer vantagens.

No entanto, além da sinalização, as lojas mais bem planejadas observam o comportamento do consumidor nos corredores e diante das gôndolas para criar aquilo que se pode chamar de uma lógica de implantação (veremos detalhadamente adiante) que permita ao consumidor se *localizar porque a disposição dos produtos faz algum sentido.*

Quando pensamos no varejo de autosserviço, no qual a figura de um "vendedor" é quase inexistente, a sinalização indicativa e também explicativa faz com que essa ausência não seja tão sentida.

Nas grandes redes de varejo, fazer com que o cliente entenda o modo como a loja está organizada (uma vez que foi organizada em função da observação do comportamento dele mesmo) pode representar alguma economia de investimentos em sinalização. Algumas poucas placas a menos por loja, em centenas de lojas, podem representar, anualmente, uma economia considerável para o varejista.

Em última instância, a soma da redução do quadro de funcionários e da criação de uma lógica de implantação que diminua o investimento em sinalização permitirá ao varejista uma economia. Essa economia possibilitará vender mais barato ou aumentar as suas margens de lucro. Mas é óbvio que isso deve ser feito com cuidado e critério para não comprometer a qualidade do ambiente de compra.

Figura 5.1 Uma loja bem sinalizada gera a sensação de orientação.

1.1 Sinalização de Setor/Categoria

Normalmente, esse tipo de sinalização é o que chamamos sinalização aérea, ou seja, é colocada pendente do "teto" do estabelecimento ou presa nas gôndolas acima da área de exposição dos produtos. O objetivo é permitir uma rápida visualização de qualquer lugar em que o cliente esteja. Muito em função disso, é utilizada para demarcar setores ou categorias (por exemplo, matinais, eletrodomésticos, brinquedos, bebidas).

A principal virtude da sinalização de categoria é permitir que o cliente busque primeiro os setores em que estão os produtos que ele já sabe que precisa comprar. A partir desse momento, em que se localiza, a sua compra tende a ficar mais relaxada, o que aumenta a predisposição para gastar, além de economizar tempo.

Há, ainda, o outro fator, presente em todas as estratégias de sinalização, que é a economia de mão de obra. Apenas para reforçar o que já foi dito anteriormente, quanto mais independente o cliente for durante as suas compras, menos terá necessidade de um atendimento personalizado, mas ficará confortável com o autosserviço, e, portanto, menos investimento em pessoas o varejista terá de fazer.

Andrew Olney/Getty Images

Figura 5.2 A localização rápida da seção diminui a tensão do cliente.

1.2 Sinalização de Grupo de Produtos

Dentro de uma categoria, há diversos grupos de produtos. Por exemplo, em uma loja de esportes pode haver um setor/categoria de bolas. Dentro dessa categoria, estarão os grupos de "bolas de vôlei", "bolas de futebol", "bolas de basquete" etc.

Esses grupos, em geral, são sinalizados na própria gôndola. A maneira mais comum é a sinalização por meio de uma barra vertical chamada *stopper*. O *stopper* serve, nesse caso, para demarcar o início e fim de cada grupo.

Por ser uma sinalização vertical, projetada para a frente da gôndola, ele é visível logo na entrada de um corredor. Dessa forma, após o cliente se orientar pela sinalização aérea e encontrar a categoria, ao entrar no corredor consegue localizar o grupo de produtos com grande facilidade.

Outra modalidade de sinalização de categoria cada vez mais frequente é a colocação de uma testeira na gôndola. Ela também permite a visualização a distância e, ainda, emoldura a exposição, tornando o ambiente mais lúdico.

Si Barber/Bloomberg/Getty Images

Steve Debenport/Getty Images

Figura 5.3 *Stoppers* e testeiras facilitam a localização e criam um ambiente mais agradável.

1.3 Sinalização de Preço

A sinalização de preço pode ser considerada o "calcanhar de aquiles" do grande varejista. Para que seja mantida correta e bem posicionada, a manutenção é inevitável. Muitas vezes, a sinalização de preço colocada no local errado (ou a sinalização no lugar certo, mas com o produto errado alocado) gera prejuízo para a loja. O cliente que se sente "enganado" por uma sinalização, quase sempre, exige que o produto seja vendido pelo preço indicado. E tem o seu direito invariavelmente respeitado.

Para ser eficiente, esse tipo de sinalização deve respeitar algumas regras:

a) Não competir visualmente com os produtos. Algumas lojas colocam preços tão grandes e chamativos que "escondem" o produto que se quer vender.

b) Utilizar *splashs* ou indicadores de descontos (essa modalidade, sem dúvida, acaba competindo visualmente com os produtos) quando eles forem apontar para situações realmente vantajosas para o cliente. É muito comum ver vitrines ou gôndolas poluídas por esses sinalizadores. Quando isso acontece, as ofertas, como um todo, perdem credibilidade.

c) Sempre que possível, indicar com detalhes a qual produto se refere o preço sinalizado. Além de transmitir segurança para o consumidor, evita que ele alegue que o preço estava errado.

Alersandr Hunta/Shutterstock

Figura 5.4 A sinalização de preço promocional: boa visibilidade e mensagem clara.

1.4 Sinalização de Usabilidade

Um grande varejista tem milhares de itens expostos. A maioria das pessoas conhece, no máximo, a metade deles. Ainda assim, entre estes que o consumidor conhece, existem variações e sutilezas que os diferenciam e podem ser, na prática, fatores decisivos para que o cliente julgue uma compra como boa ou ruim. Chamamos de usabilidade, nesse caso, as especificidades de uso de um produto.

Exemplificando: certa vez, o gestor de um grande varejista do setor de artigos esportivos percebeu que os clientes voltavam para trocar por "defeito" bolas de vôlei de praia de lazer adquiridas na loja. Em função do seu preço convidativo (eram as bolas de vôlei mais baratas), elas eram um sucesso de vendas que estavam se tornando uma fonte de prejuízo. Ele passou, então, três dias observando a movimentação na gôndola e conversando com os clientes. Rapidamente, percebeu que as bolas estavam sendo compradas para utilização em quadras, piscinas e para jogar na rua (asfalto). Praticamente nenhuma das pessoas utilizava a bola no ambiente para o qual fora desenvolvida.

Por características muito particulares do esporte, as bolas de vôlei de praia de lazer tinham duas diferenças importantes em relação às de voleibol de quadra (e também em relação às bolas profissionais e, portanto, mais caras): elas eram feitas de um material sintético – no lugar do couro – que garantia maior maciez no toque (para não "ralar" os braços quando estivesse com areia), e os gomos eram costurados em vez de colados (que deixam a bola mais veloz e, quase sempre, mais leve) para garantir que fossem mais resistentes ao ar e, consequentemente, mais lentas. Em função dessas características, eram muito menos duráveis quando usadas em piso duro e áspero. Portanto, seu desgaste era mais acelerado. Além disso, os clientes as utilizavam bem cheias, como as bolas de vôlei de quadra (sendo que a recomendação do fabricante é para que elas sejam mais "murchas"). Por serem feitas com um material menos resistente e com gomos costurados, quando deixadas por muito tempo ao sol a dilatação do ar fazia com que "estourassem".

O gestor, então, pesquisou em uma fonte segura (o site da Confederação Brasileira de Voleibol) a diferença entre as bolas das duas modalidades e afixou uma sinalização explicando as diferenças, bem como a melhor maneira de utilizar cada uma das bolas. Simultaneamente, treinou os vendedores para explicar essas diferenças e indicar o uso correto. Essa sinalização de usabilidade eliminou as trocas motivadas por "estouro" ou desgaste excessivo das bolas de vôlei de praia e transmitiu segurança aos clientes, que ficaram muito mais satisfeitos com suas compras.

Esse é apenas um caso, mas há centenas de sinalizadores explicando a usabilidade de produtos em diversos segmentos do varejo. Embora a prática ainda precise ser aperfeiçoada, para o cliente ela é fundamental.

Fred Tanneau/AFP/Getty Images

Figura 5.5 Sinalização simples aponta todas as principais informações a respeito do produto e da melhor maneira de usá-lo.

1.5 Sinalização Técnica ou Explicativa

As sinalizações técnicas ou explicativas já são muito comuns no varejo, principalmente para produtos de uso mais complexo, como computadores, por exemplo. Em casos como esse não basta trazer o nome do modelo, a marca e o preço. O cliente se preocupa com as configurações internas da máquina, com a marca do processador, das placas de som e vídeo etc.

A finalidade da sinalização técnica, portanto, é transmitir com clareza as informações fundamentais acerca do produto, no que diz respeito às suas características.

Assim como no caso da usabilidade, a sinalização técnica permite que o cliente faça a melhor escolha para a sua necessidade. Em consequência, há maior satisfação e segurança.

Glossário de Materiais

ADESIVO

Lâmina impressa feita sobre um suporte adesivo e recortado.

Magic in Foto/Shutterstock

ADESIVO DE CHÃO

Marcação de caminho para a promoção de um produto ou serviço.

Cortesia de RG9 Comunicação Visual

ADESIVO DE DUPLA FACE

Adesivo que permite fixação em ambas as faces.

Empresa: Walsh Graphics

BACK LIGHT

Peça dotada de iluminação interna que apresenta mensagem e/ou imagem.

lofoto/Shutterstock

BALCÃO DE DEGUSTAÇÃO

Estande que tem como objetivo dar a conhecer ou divulgar de forma personaliza-da um produto apresentado por um promotor ou demonstrador.

Cortesia MPR Displays

BANDEIROLAS

Conjunto de cartazetes pendurados em varal para decoração do PDV.

Chris Ratcliffe/Bloomberg/Getty Images

BANNER

Peça impressa em material rígido ou flexível finalizada em formato arredondado ou em "V", para ser fixada verticalmente.

Laurent Lintaka/Photos.com

BIOMBO

Elemento de três ou mais partes que cumpre função de display articulado no PDV.

George Doyle/Photos.com

CARTAZ AÉREO

Cartaz produzido em qualquer material, destinado a ser pendurado no alto dentro do PDV.

Paul Thomas/Bloomberg/Getty Images

CARTAZ DE PDV

Peça impressa em papel ou outra superfície, apresentando mensagem e/ou imagem, para ser fixada no PDV.

Petr Vaclavek/Shutterstock

CORNER

Conjunto de elementos de apresentação de uma marca ou de uma linha de produtos formando uma miniloja dentro do PDV.

Ali Mufti/Shutterstock

DISPLAY

Qualquer elemento destinado a promover, apresentar, expor, demonstrar e ajudar a vender o produto.

Dinesan Pudussery/Shutterstock

FAIXA DE GÔNDOLA

Peça produzida em diversos materiais para ser colocada na parte frontal das prateleiras das gôndolas, servindo como delimitador de espaço dos produtos e/ou como aparador das embalagens, podendo conter mensagens e/ou imagens.

Justin Sullivan/Getty Images

FLÂMULA SIMPLES

Bandeirola fixada em haste vertical.

Colin Hawkins/Getty Images

FRONT LIGHT

Peça que apresenta mensagem e/ou imagem com iluminação externa frontal.

Zefa/Corbis/Latinstock

INFLÁVEL

Peça produzida em material plástico flexível e hermético, que deve ser cheio de ar e tem impressas ou pintadas mensagens e/ou imagens.

J Creattion/Shutterstock

INFLÁVEL GIGANTE

Objeto de grandes proporções feito de material emborrachado ou náilon, com alimentação contínua de ar por meio de um motor.

Eddtoro/Shutterstock

MÓBILE

Peça promocional aérea sustentada por fios.

Hans-Peter Merten/Getty Images

PÔSTER

Suporte de papel ou papelão para ser colocado em superfícies verticais.

TungCheung/Shutterstock

STOPPER

Peça publicitária que sobressai perpendicularmente à prateleira ou gôndola.

STRIP

Peça, geralmente adesiva, colocada verticalmente na gôndola para realização de cross-merchandising.

TAKE ONE

Expositor de mesa ou balcão para folhetos no qual o consumidor se serve.

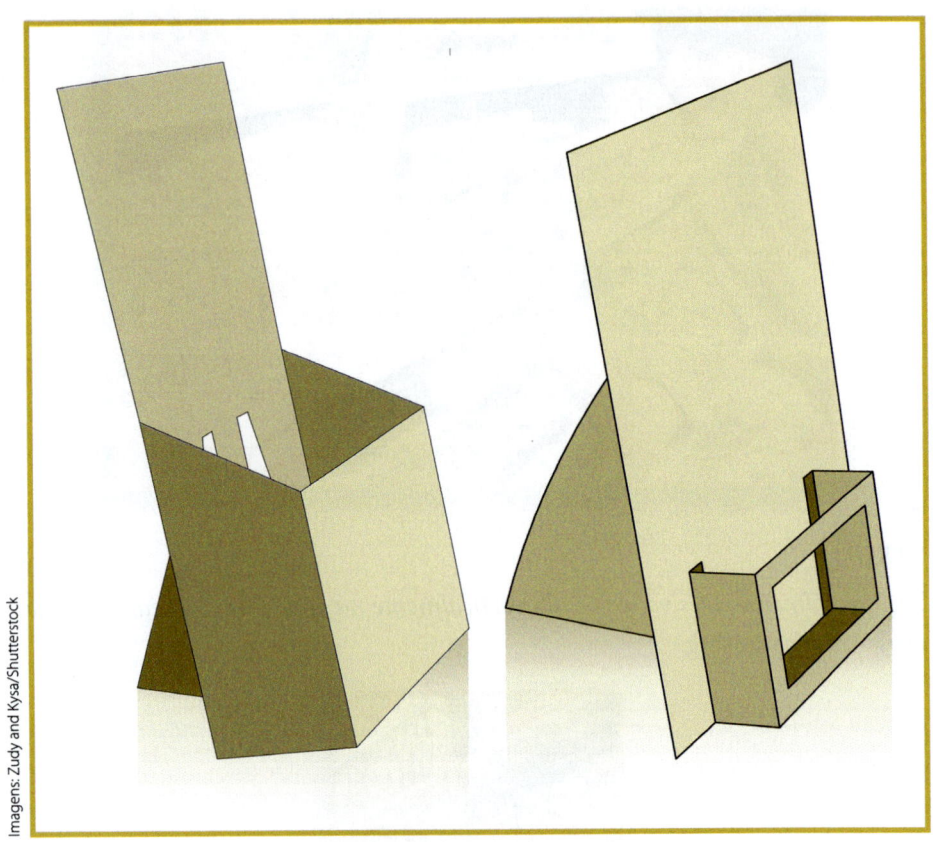

TESTEIRA

Estrutura colocada no alto do display ou gôndola, contendo algum elemento que identifica o produto ou outra mensagem.

TOTEM

Peça sinalizadora vertical e longilínea.

WOBBLER

Material confeccionado em acetato com função semelhante à de um stopper, mas com o diferencial de se movimentar com o deslocamento de ar.

Nav/Shutterstock

Venimo/Shutterstock

2. Experimentação

O tempo todo se diz que o PDV é o local que reúne o consumidor, o dinheiro e o produto e que, por essa razão, o *merchandising* no ponto de venda é uma estratégia fundamental para varejistas e fornecedores. Isso, de fato, é indiscutível. Também se diz que o consumidor prefere um PDV bem sinalizado, o que também é um fato.

O que pouco se aborda, ao menos nos livros, é o quanto a experimentação influencia na decisão de compra. Há dados diversos sobre isso, todos corroborando a informação de que a experimentação impulsiona as vendas, mas ainda não temos estudos concretos nos mais diversos canais.

O que cabe dizer é que a experimentação (seja uma degustação, um *test-drive* ou o simples ato de provar uma roupa) proporciona ao consumidor a sensação de ser o dono do produto por alguns instantes. Essa, nos parece, é a chave do processo. Unir consumidor, dinheiro, produto e a sensação de posse. Como essa posse é momentânea, se o consumidor fica satisfeito com a experimentação, a não compra gera um sentimento de "abrir mão" do produto (o que pode representar uma frustração).

Claramente, a "resistência" troca de lado. O mais difícil para o consumidor deixa de ser decidir comprar e passa a ser conseguir não comprar.

3. Layout de Loja

3.1 O Sentido de Circulação ou Fluxo de Loja

O trajeto percorrido pelo consumidor dentro de uma loja é, quase sempre, o mesmo, independentemente do perfil desse consumidor. Existem pontos de maior ou menor fluxo, há uma "mão" que é obedecida inconscientemente, um ritmo de tráfego e uma série de outras características que uma simples observação poderia identificar.

Vamos tomar, por exemplo, um hipermercado. A maioria dos clientes vai pegar o seu carrinho na parte externa e seguir, a certa velocidade, pelo corredor de entrada. Quando chegar ao corredor central, reduzirá a velocidade e entrará à esquerda, em um ritmo mais lento e com a observação mais apurada.

De modo geral, nos hipermercados, à direita do corredor de entrada estarão produtos que não são típicos do estabelecimento: eletrônicos, bazar, papelaria, brinquedos, produtos para animais, produtos automotivos etc. Esses itens não fazem parte da cesta de compras "normal". Quando o consumidor procura por um deles, a situação é muito específica (ninguém vai comprar seus mantimentos da semana/mês e acaba comprando uma TV de 50 polegadas, a não ser que haja uma condição muito favorável). Do lado esquerdo desse mesmo corredor de entrada, estarão artigos de vestuário (ou cama, mesa e banho) ou produtos em dupla exposição, ou seja, produtos que serão encontrados posteriormente dentro das suas categorias.

A exposição é feita dessa forma porque o consumidor passa, relativamente, desatento por esse corredor. Em geral, o foco está nos produtos que estarão dispostos nos corredores perpendiculares ao corredor central. Cabe observar que esse corredor de entrada é sempre povoado de ilhas e cestos promocionais. O objetivo é, justamente, diminuir o ritmo do consumidor, fazendo com que ele pare para observar com mais atenção. Além disso, essas promoções ficam posicionadas no único lugar em que, certamente, todos os clientes trafegarão.

Voltando ao sentido de circulação. Como dizíamos, após chegar ao corredor central, o cliente diminui a velocidade e vai, atentamente, observando os corredores e seus grupos de produtos. Quase sempre, entra no corredor, pega os produtos do seu interesse e retorna para o corredor central.

Assim a compra segue até o corredor final, no fundo do estabelecimento, no qual costumam ficar as bebidas. Depois de chegar ao final, o cliente volta com mais frequência pelo corredor da linha dos caixas e, eventualmente, quando tem mais tempo, opta pelo retorno pelo corredor central, no qual fará todo o trajeto ao inverso, concluindo suas compras.

O exemplo do hipermercado serve para ilustrar uma situação muito comum. O fato é que, qualquer que seja o layout da loja, é possível identificar e influenciar o trajeto do consumidor no PDV. A partir disso, a disposição dos produtos nas gôndolas, a sequência de gôndolas pelos corredores e toda a organização de espaço do estabelecimento podem se adequar às estratégias do varejista.

3.2 A Lógica de Implantação

Conforme levantado anteriormente, a montagem dos produtos nas gôndolas, prateleiras, araras, cabideiros etc., deve obedecer a uma "lógica". A essa lógica chamamos *lógica de implantação* (obviamente, implantação dos produtos). Para o consumidor, identificar que existe um critério para a colocação dos produtos no PDV (e que, preferencialmente, esse critério se reflete em todas as categorias de produtos) simplifica o entendimento, agiliza a procura e torna a compra mais agradável.

Algumas técnicas são simples. Em um cabide, os produtos podem estar organizados pelo tamanho. Os menores à frente, os maiores ao fundo. No corredor de leite em caixinhas, eles podem estar separados por grupos (desnatado, semidesnatado e integral) e ordenados dentro dos grupos por preço, obedecendo ao sentido de circulação dos consumidores, começando pelo mais barato e terminando no mais caro.

Anteriormente, citamos dois exemplos. Mas, no fundo, não importa qual seja o critério para criar essa "lógica". O fundamental, apenas, é que exista um critério. E que seja identificável pelo consumidor.

3.3 O Poder da Observação

Quem leu os tópicos anteriores, provavelmente, pode pensar: Se é simples assim como seguir um manual, o que faz a diferença no PDV? De que forma é possível melhorar a performance da loja trabalhando o layout? Esse é o grande segredo. Nada substitui o poder da observação de quem vive o dia a dia da loja. Para ilustrar, vamos contar um caso real, que também ocorreu no mesmo grande varejista de esportes do caso das bolas de vôlei, mencionado anteriormente neste capítulo.

Sábados e domingos, naquela loja, correspondiam a 60% do faturamento da semana. No entanto, no departamento que respondia pela maior participação de vendas, nos finais de semana havia declínio na venda de calçados. Curiosamente, apenas na seção de calçados desse departamento é que isso acontecia. Os calçados dos demais departamentos continuavam com desempenho muito superior nos finais de semana, e as demais seções desse departamento apresentavam performance superior à média de toda a loja.

Apenas a observação minuciosa permitiu entender o que acontecia. Por se tratar de uma loja de autosserviço com todo o estoque exposto, os calçados ficavam com todos os modelos e numerações disponíveis para que os clientes os experimentassem. Em frente às gôndolas, eram colocados bancos para que os clientes provassem os calçados. Os bancos, portanto, estavam paralelos aos produtos. Os clientes, então, retiravam os produtos da gôndola, provavam e deixavam exatamente ali, no chão, aqueles pelos quais não se interessavam. Rapidamente, havia um acúmulo de calçados espalhados pelo chão que inibiam o tráfego dos clientes com seus carrinhos de compras.

O problema não se repetia nos demais departamentos porque as equipes de vendedores/repositores eram suficientes para reorganizar rapidamente as gôndolas. Nesse departamento, especificamente por vender mais, os vendedores/repositores não tinham tempo de reorganizar em razão do grande fluxo de clientes por outras seções. Os funcionários designados não conseguiam dar conta de reorganizar a seção. A solução mais simples, aparentemente, seria colocar mais pessoas para o atendimento e organização daquela área, mas as perguntas que sempre pairavam eram: O que fazer com essas pessoas "a mais" nos outros cinco dias da semana em que o fluxo é muito menor? Será que compensa comprometer a rentabilidade do departamento em função de uma única seção de produtos?

A saída encontrada foi extremamente simples. Nos finais de semana, os bancos eram "girados" e permaneciam perpendiculares em relação à gôndola. Dessa forma, por mais calçados que os clientes deixassem jogados no chão, o fluxo não era comprometido, porque os produtos ficavam "atrás" dos bancos, deixando um corredor livre de cada lado dos bancos para o tráfego dos carrinhos de compras.

4. Exibitécnica

Exibitécnica é a técnica de exibir o produto. É a capacidade de exibir o produto (mercadoria), destacando-o de forma adequada, usando linhas que tornem essa exposição atrativa para impulsionar as vendas.

Embora cada um dos envolvidos tenha uma motivação diferente no PDV, uma exposição bem feita é vantajosa para o consumidor, para o varejista e para o fornecedor. Para o consumidor, facilita a compra, economiza tempo e lembra necessidades. Para o varejista, cria fidelidade, atrai novos consumidores, aumenta sua lucratividade, valoriza o espaço da loja. Cria fidelidade porque o cliente compra com os olhos e com o coração. Exposição impecável transmite *segurança, higiene* e *qualidade*.

Atrai novos consumidores porque lojas bem montadas geram satisfação nos clientes, e clientes satisfeitos, normalmente, funcionam como divulgadores. Pense bem... Quantas das escolhas de compras são feitas por influência do que você vê e ouve dos amigos?

Aumenta a sua lucratividade porque estimula o giro de mercadorias. O varejo ganha no giro. Logo... Valoriza a loja porque transmite organização e qualidade. Para o fornecedor, valoriza o produto e, consequentemente, a marca. Altera a percepção do consumidor, o que facilita as suas vendas e inibe a dos concorrentes. Gera interesse, mesmo nos consumidores que não vão comprar o produto.

Para começar, devemos pensar na ambientação do PDV. Existem, evidentemente, dois tipos de ambientação: a interna e a externa.

A interna serve para informar, aclimatar e seduzir o consumidor. Ou seja, para estimular as vendas e para posicionar a loja.

Pavel L/Shutterstock

Vadim Kozlovsky/Shutterstock

I. Pilon/Shutterstock

Já a externa serve para atrair o cliente para a loja.

Richard Cummins/Getty Imagens

Stuart Monk/Shutterstock

Tony C French/Getty Images

Na ambientação externa, podemos incluir as vitrines. Atualmente, mais do que uma ferramenta de comunicação utilizada para promover os produtos e alavancar as vendas, elas são armas para posicionar a loja.

Littleny/Shutterstock

Oli Scarff/Getty Images

As funções são, portanto, muito distintas.

Ambientações Institucionais e Ambientações Promocionais

As ambientações internas podem ter caráter **promocional** (exposição diferen-ciada conhecida como PDV ativo, decorações sazonais de festa junina, Páscoa etc., feitas com produtos) ou **institucional** (Natal, Carnaval, Copa do Mundo feitos como decoração).

Ambientação Promocional

Ela serve para aumentar o giro de um produto ou de uma categoria inteira.

Elena Efimova/Shutterstock

Ambientação Institucional

Traz benefício direto para a loja porque o cliente sente o ambiente "diferente", mais agradável e mais lúdico.

Para os produtos, o benefício é indireto, uma vez que o estímulo é geral e não direcionado para um grupo específico, nem tem a intenção de reforçar uma marca.

View Pictures/UIG/Getty Images

Exposição dos Produtos

Após a ambientação, a atenção deve ser concentrada na exposição dos produtos. Essa exposição deve obedecer a quatro pilares: separação, visibilidade, acessibilidade e disponibilidade.

Separação

O consumidor está acostumado a procurar os produtos por categoria. Dentro da categoria é importante que a organização faça algum sentido (por marca, por tamanho, por preço etc.), que os produtos estejam *separados* de forma que se permita uma "leitura" da gôndola.

Tatyana Vychegzhanina/Shutterstock

Figura 5.7 As prateleiras estão separadas por cores. Facilidade para o entendimento do consumidor.

Visibilidade

A mercadoria precisa estar visível a três metros de distância. Falta de visibilidade inibe as vendas. Quanto mais "frentes" do produto, melhor a visibilidade e, normalmente, maiores as possibilidades de vendas.

Aqui, cabe ressaltar que os varejistas dominam as informações a respeito dos produtos que mais vendem e costumam aumentar a sua exposição (e a visibilidade) visando manter uma quantidade de produtos que garanta o não desabastecimento e proporcionar uma boa visibilidade.

Glow/Getty Images

Figura 5.8 Várias frentes de cada produto, impecavelmente organizadas. Estímulo à compra.

Acessibilidade

No PDV, o cliente não gosta de se "esforçar" para alcançar um produto. Se o produto estiver "difícil de pegar", o consumidor desiste ou compra outro mais acessível.

Isso vale também para corredores estreitos, expositores atrás de balcões e diversos outros pontos da loja que precisam ser cuidadosamente analisados.

Jupiterimages/Photos.com

Figura 5.9 O consumidor foge de locais acanhados e desorganizados.

Disponibilidade

Para vender é preciso que o produto esteja disponível. Isso é óbvio. Mas uma boa exposição depende da disponibilidade do produto na quantidade correta e de um trabalho apurado de manutenção do PDV.

Muitas vezes, pouca quantidade de um produto na gôndola faz com que pareça que está no fim, que já é velho. No entanto, uma rápida reorganização e um bom *facing* permitem que essa sensação seja muito atenuada.

Pontos Principais para uma Boa Organização

Facing

Chamamos *facing* a organização dos produtos na gôndola, de forma a aprimorar a exibição, tornando o produto mais visível para o consumidor.

Entre as suas principais características, está a técnica de posicionar todos os rótulos ou embalagens simetricamente, levando em consideração o ângulo de visão do cliente.

Paul Burns/Getty Images

Experiência de Compra

Um dos assuntos mais discutidos desde a NRF de 2005 até os dias atuais é a experiência de compra que queremos proporcionar ao nosso *shopper* e *consumer*. Esse tema parte do pressupostos de que hoje não vendemos uma cerveja, por exemplo, e sim a experiência de tomar uma cerveja, levando em consideração os cinco sentidos, ou seja, a visão do copo da cerveja gelada, o paladar ao beber a cerveja, o cheiro da cerveja, o toque no copo gelado, o som que estou ouvindo em volta.

Com isso, entendemos que, atualmente, mais do que simplesmente trabalharmos as técnicas de *merchandising* que já foram abordadas anteriormente, e que são extremamente importantes, temos de gerar uma experiência de compra diferente, e não apenas agradável, mas que vá de encontro à personalidade do consumidor.

Isso fica mais fácil de ser abordado do ponto de vista do varejista, que busca criar toda uma estratégia de *merchandising* e de visual *merchandising* focada na experiência de compra diferenciada, pois é ali que o *shopper* e/ou *consumer* podem estar, e dessa forma influenciar sua decisão de compra. Para os fabricantes era mais difícil trabalhar esse conceito com pontos de venda tão diversos e com identidades tão diferentes. Uma saída encontrada para esses fabricantes foram as chamadas lojas conceitos, ou *flagshipe stores*, que traduzem todo o posicionamento e identidade da marca.

Falando, então, do ponto de vista do varejo, como ele pode obter sucesso e ter uma clara diferenciação utilizando o *merchandising* para melhorar sua experiência de compra?

Ingredientes para o Sucesso no Varejo

1. Estratégia clara e diferenciação

É preciso que cada varejista tenha uma estratégia clara de atuação, posicionamento e experiência de compra. E essa estratégia precisa ser clara para fornecedores, colaboradores e clientes da loja. Tudo isso leva a um fator importante de diferenciação da sua loja para outra. É preciso buscar algo para se diferenciar dos demais, começando pela experiência de compra.

2. Eficiência na execução dessa estratégia

Não basta ter uma estratégia bem definida e mal executada. A loja vive uma batalha constante do dia a dia para poder vender cada vez mais e atender melhor seus clientes. Sem dúvida é importante termos uma estratégia definida e buscar diferenciação, mas é preciso executar com eficiência, transpiração e paixão pelo seu negócio.

3. Foco obsessivo no cliente

Já sabemos o quanto o cliente é importante para o nosso negócio, já ouvimos dizer que temos de pensar e ter o foco do cliente. Tudo isso é verdade. Mas o que precisamos mesmo é ter um foco obsessivo no cliente, no que ele busca, no que ele quer, no que pode fazer com que ele decida por comprar em nossa loja.

As transformações constantes que temos de fazer em nossa loja, a melhoria no mix de produtos, no atendimento, entre tantas outras coisas, têm de ser feitas por, pelo e para o cliente.

4. Capacidade de desenvolver alianças e parcerias

O varejo tem um papel importante na estratégia e no processo de distribuição de diversos fabricantes. Por essa razão, o varejista precisa saber utilizar isso em seu benefício, fazendo alianças com fornecedores para poder desenvolver campanhas cooperadas e "montar" espaços da sua loja com ajuda do fabricante, usando até, em alguns casos, os materiais de *merchandising* e mobiliários do próprio fabricante na sua loja. As alianças podem viabilizar campanhas de maior porte e melhores condições comerciais.

5. Inovar sempre

É importante sempre buscar inovação pensando no cliente, mas uma inovação com busca por um melhor valor agregado ao nosso serviço, nossa loja e nossos produtos. É importante entender qual ou quais valores queremos agregar para cada um dos itens descritos anteriormente. Uma coisa é certa e é fato: sempre teremos de inovar e trazer coisas diferentes para nossos clientes.

6. Capacidade de ser líder

Para obter um maior destaque e um fator de diferenciação de mais facilidade na mente do cliente é preciso ter a capacidade de desenvolver a liderança em alguma coisa: o mais barato, o mais rápido, o que tem maior variedade etc. Mesmo que você crie uma categoria de diferenciação, o importante é ser o primeiro na lista dessa categoria.

7. Construção e Gestão de Marca

Não esquecer que tudo o que fazemos deixa um residual na mente do cliente a respeito da nossa loja e da nossa marca. Por essa razão, temos de pensar que cada atitude que tomarmos, em cada venda, em cada atendimento e em cada ação de comunicação e marketing, constrói nossa imagem de marca. Precisamos construir essa imagem de forma positiva e gerir para mantê-la fixa e viva na mente dos nossos clientes.

Sendo assim, precisamos entender como, muitas vezes, o *shopper* olha para o varejo. Isso será a base para entendermos a experiência de compra. Fazendo um pequeno diagnóstico das dimensões motivacionais do varejo, ou seja, o que se espera da categoria, o publicitário José Eduardo Scharstman, em sua palestra "Do 1,99 ao hiper", aponta que:

- **Preço:** é, muitas vezes, a primeira dimensão percebida pelo consumidor, ou seja, um benefício de entrada, mas que atualmente não é mais fator de diferenciação.

- **Conveniência:** vai além da diversidade de produtos e serviços oferecidos pelo varejo. Isso envolve a localização, a praticidade, a agilidade, entre outros itens.

- **Experiência:** envolve o atendimento, o prazer do cliente, o fato de ele estar buscando, muitas vezes, sair da confusão urbana do seu dia a dia, arejar e relaxar enquanto faz as suas compras.

Portanto, preço é *commodity*, ou seja, é obrigação, todo mundo tem e pratica, muitas vezes, o mesmo preço, pois este vem tabelado dos próprios fabricantes. Preço não é diferencial. Conveniência é tudo o que o consumidor precisa: localização, praticidade, agilidade, sortimento, variedade, opção etc., e é algo inerente ao formato e tipo de varejo, ou seja, todas as lojas de esportes terão as mesmas opções de produtos e marcas, assim como as lojas de material de construção e, assim, sucessivamente. Experiência é o que faz a diferença.

É a experiência que o consumidor vive dentro da loja. Para gerarmos essa experiência de compra, precisamos trabalhar a atmosfera de compra discutida anteriormente e o visual *merchandising* da loja. Isso também passa a ser visto como parte da estratégia de *merchandising* do fabricante, que passará a fazer suas ações nesse novo ponto de venda.

Com isso podemos dizer que:

- A loja passa a ser um ponto social de reconexão com a vida.

- Deixa de ser um ponto apenas de transações para um ponto de relacionamento.

- O consumidor passa a ter um papel de coautor.

- Para atender melhor o *shopper/consumer*, passamos a fazer análises mais profundas não apenas demográficas e psicográficas, mas, principalmente, de hábitos e atitudes.

- O ambiente interage com o consumidor.
- A loja é o produto.

É claro que, para realizar tais ações, é preciso ter uma equipe bem preparada e treinada e que viva com intensidade o que a loja oferece, por exemplo, não podemos ter um vendedor ou promotor em uma loja de esportes que não goste, não pratique e não conheça esportes.

Outro ponto importante é que cada experiência é única e também diversificada e atende um tipo de *shopper/consumer*, que tem um estilo de vida definido, portanto, as lojas e o *merchandising* serão trabalhados direta e direcionalmente para eles. Com isso, quebramos alguns paradigmas das velhas leis de *merchandising* como, por exemplo, ter todas as gôndolas arrumadas, poucos materiais para não poluir a loja etc. Isso vai depender da experiência de compra que quero gerar.

Por exemplo, nos Estados Unidos, a Family Dollar, uma loja típica de US$ 1,00, fatura mais de 7 bilhões de dólares e tem uma loja totalmente "desorganizada" do ponto de vista da arrumação em gôndolas e corredores. Mas por que é assim? Porque eles querem gerar uma experiência de caça ao tesouro, na qual você pode achar coisas que nem imagina por apenas um dólar.

Lojas como a American Girl, que buscam ressaltar os valores da família norte-americana, oferecem uma experiência singular para que as mães vivam com suas filhas. É impossível não voltar a ser criança, encantar-se com a loja e levar todos os produtos sem arrependimento algum.

No Brasil, podemos falar de empresas como Tok & Stok, Fnac, Fast Shop, Livraria Cultura, entre outras, que buscam cada vez mais criar diferencial na apresentação dos seus produtos, seu conceito de marca e sua experiência de compra.

Sinalização Digital

Atualmente, uma das principais ferramentas que vêm ganhando adeptos em todo o mundo na busca por auxiliar o consumidor e, consequentemente, sua compra no ponto de venda é a sinalização digital ou, como dizem em inglês, *digital signage*.

Isso acontece porque hoje temos um consumidor mais interativo e conectado e que busca por uma quantidade maior de informações a todo momento e em todo lugar.

Quando falamos de sinalização digital, estamos falando não apenas do uso de monitores em faixas de gôndolas, em displays ou em uma rede interna de televisão corporativa. Estamos falando em um ponto de venda totalmente interativo e que fala com o consumidor de diversas formas.

Podemos elencar alguns materiais e equipamentos que nos possibilitam essa interatividade, como, por exemplo:

a) telas;

b) quiosques e displays;

c) telefones celulares;

d) som;

e) sistemas interativos como pisos, telas *touch*, biometria etc.;

f) sistemas de dados.

Podemos nos aprofundar na experiência de compra que o consumidor terá dentro da loja e utilizar a sinalização digital em todos os processos e locais, por exemplo:

- **Na vitrine:** nosso objetivo é aumentar o número de potenciais consumidores que passam pela vitrine e venham para dentro da loja. Fazer com que o consumidor tenha interesse e informações que o façam entrar na loja e viver uma experiência de compra diferente. Para tanto, podemos utilizar telas interativas, telas 3D, que saltam aos olhos do consumidor sem necessidade do uso de óculos e transpassam o vidro da vitrine, painéis de LED etc.

- **Na entrada da loja:** o objetivo aqui é poder dar boas-vindas ao consumidor de uma forma direta e oferecer-lhe alguma oferta que seja relevante e de seu interesse. Isso pode ser feito posicionando uma tela logo na entrada na loja, por exemplo, na altura do olhar do consumidor. Algumas lojas no mundo já estão fazendo o reconhecimento biométrico, que é o reconhecimento de uma pessoa por uma parte do corpo humano, como, por exemplo, a íris. Dessa forma, ao entrar em um ponto de venda no qual o consumidor já esteja cadastrado, será possível identificar quem é essa pessoa, seu perfil de consumo e dar boas-vindas de uma forma nominal e uma sugestão de oferta específica para ela.

- **Na recepção da loja:** quando falamos em lojas que têm a área de recepção, estamos, automaticamente, falando em tempo de espera para ser atendido ou ter um primeiro contato com o vendedor/atendente. Utilizamos a sinalização digital com o principal objetivo de reduzir a percepção de tempo de espera. Para tanto, podemos utilizar telas para exibição de canais de televisão, ou mesmo uma televisão corporativa, uso de games, de telas *touch* com jogos atrativos e interativos etc.

- **Na loja inteira:** podemos utilizar diversos equipamentos de sinalização digital por toda a loja com o objetivo de ambientar ou criar uma cenografia para ela, dessa forma dando um ar mais moderno para o visual *merchandising* da loja. Ao espalharmos esses equipamentos por toda a loja podemos passar informações sobre ofertas, promoções, ou mesmo informações técnicas sobre os produtos, formas de uso etc. Os fornecedores podem utilizar esse espaço para passar mensagens da marca, comerciais etc.

- **Nas gôndolas e prateleiras:** nas gôndolas podemos usar minitelas que podem passar informações sobre o produto ou alguma promoção específica do produto, formatos de uso, sugestão de novos usos para aquele produto. Dessa forma, é possível, também, divulgar a promoção feita pelo fabricante de forma diferenciada, e não apenas promoções feitas pelo varejista.

- **Nos caixas:** nos caixas, tendo em vista que é possível ter um banco de dados com informações do cliente e, dessa forma, sugerir ou realizar promoções específicas para ele, podemos trabalhar o relacionamento e a fidelização desse cliente com o estabelecimento.

- **Na área de *back office*:** o uso mais importante e significativo pode ser sentido no *e-learning*, ou seja, no treinamento de funcionários sobre produtos e serviços das lojas, promoções ou ações de ativação que serão realizadas.

É importante entendermos que nesse cenário muda completamente o formato de pensar a comunicação no ponto de venda. É necessário que seja uma comunicação interativa e customizada e que possa mudar a cada momento. Com o advento da tecnologia, é possível, de um único lugar, mudar ou criar diversas campanhas promocionais e disparar para pontos de venda em todo o Brasil via internet, modificando os custos das campanhas, bem como sua velocidade.

Composto de Merchandising

O composto de *merchandising* nada mais é do que a forma de fazer o planejamento da estratégia de *merchandising* que será utilizada e apresentada ao cliente. Da mesma forma que temos o planejamento de marketing e de comunicação, temos o planejamento de *merchandising*, que chamamos composto.

ESTRUTURA BÁSICA DO COMPOSTO DE *MERCHANDISING*
1. Análise do Ponto de Venda
2. Público-alvo
3. Planograma / Espaço
4. Definir Objetivos e Metas
5. Composto de *Merchandising*
6. Investimentos

Fonte: Criado por Luciano Bonetti.

1. Análise do Ponto de Venda

Neste item você deverá fazer uma análise completa do ponto de venda, sob todos os seus aspectos, como local de exposição, ângulo de visão, layout de loja, deslocamento do consumidor pela loja, disposição dos produtos etc.

É importante ressaltar que essa análise pode resultar em significativa diferença quando realizada pela ótica do fabricante (que considera apenas o espaço que seu produto vai ocupar) ou do varejista (que olha a loja como um todo). É preciso fazer um diagnóstico de como seu produto se apresenta no PDV. É uma espécie de *briefing* de tudo que acontece com seu produto/loja no ponto de venda.

Uma das importantes técnicas que utilizamos é a técnica de observação, ou seja, passar alguns dias no ponto de venda, durante a semana e final de semana, e em distintos horários, olhando como é o "comportamento" da loja e dos seus consumidores, verificando os horários de "pico", substituição/reposição de produtos e assim por diante.

2. Análise do Público-alvo

Ressaltamos que há diferenças claras e marcantes no perfil dos públicos-alvo de acordo com as condições de sua participação nos processos de varejo. Não estamos falando do público-alvo da comunicação/campanha, determinado no planejamento, mas dos públicos que compram nas lojas.

Temos como exemplo a loja Zoomp, que tem um público-alvo definido na sua campanha, mas apresenta diferenças entre os públicos que frequentam o Shopping Iguatemi e o Shopping ABC, por exemplo.

Essas diferenças vão refletir o mix de produtos na loja, na montagem da vitrine, na estratégia de *merchandising*, no perfil do vendedor etc.

3. Planograma/Espaço

Aqui, determinam-se os espaços disponíveis para se trabalhar nas lojas, levando em conta as características de cada tipo de canal. Dessa análise física pode-se determinar/escolher que tipo de material será usado para cada tipo de canal e qual o volume/características desse material. Devem-se conciliar todos os aspectos resultantes da visão do fabricante e do varejista.

Um fabricante pode ter um produto que é vendido em supermercados, farmácias e lojas de conveniência. Dessa forma, ele terá de montar um *set* de materiais para cada tipo de canal, olhando para a relevância de cada material em cada um desses canais, bem como o espaço que ocupará.

4. Definir Objetivos e Metas

Determinar os objetivos/metas específicos dessa ação de *merchandising* que, por sua vez, contribuirão com os objetivos/metas determinados na campanha como um todo.

5. Composto de *Merchandising*

Esse item é composto por:

- Planejamento das ações/campanhas/etapas.
- Técnicas: vitrinismo, exibitécnica, aromatização, sinalização, iluminação etc.
- Ações/mecânica da ação: degustação, *sampling*, demonstração etc.
- Materiais de PDV: *wobbler*, móbiles, cartazes etc.
- Recursos materiais: todos os materiais necessários para que a ação ocorra.
- Recursos humanos: listamos todas as pessoas envolvidas na operação para que a ação ocorra.
- Logística e distribuição dos materiais: definir como os materiais chegarão aos pontos de venda.
- Controle e avaliação: determinar os mecanismos de controle e avaliação durante o processo, não apenas no final da ação.

6. Investimentos

Listar todos os valores de todos os itens citados anteriormente.

VI

MARKETING DE INCENTIVO

A história de incentivos no Brasil confunde-se com a própria trajetória profissional de Gylmar Caldeira. Estamos nos referindo a um tempo em que a atividade do Marketing Promocional em nosso país era ainda embrionária, intermediada pela agência de Publicidade. Bem, se a Promoção ensaiava seus primeiros passos e buscava seu caminho, o incentivo encontrava-se em um patamar ainda mais básico; não tinha um posicionamento definido dentro da agência, pois não tinha valor econômico enquanto atividade.

Em 1972, certamente a primeira vez em que se falou de incentivo no Brasil, a GM, em uma atitude pioneira, planeja premiar seus revendedores em função das metas de vendas, e a Stella Barros promove uma viagem de incentivos para atender a essa demanda. Uma década mais tarde, em 1984, como diretor de Publicidade da Editora Abril, Caldeira aceita um convite de Luiz Barros, da Stella Barros Turismo, para participar de uma feira em Chicago que tratava justamente sobre Marketing de Incentivo.

Desse encontro de profissionais (um publicitário e um agente de viagens) surge a Incentive House, a primeira agência de incentivos do país. Ela nasceu com o objetivo de trabalhar todas as ações relacionadas a incentivos, sem se envolver com outras ações do Marketing Promocional. Era um desafio, mas funcionou perfeitamente naquele momento.

Caldeira relata que a General Motors foi um bom início e ótimo *case*. O destino escolhido foi o Japão. "A GM possuía diversas revendas e imaginou--se como se fosse o império japonês: com shogunatos, que eram as pequenas aldeias fortificadas, os grandes clãs. No desenvolvimento da ideia foram trabalhadas essas metáforas e determinou-se que cada revenda se transformaria em um shogunato. Significava que não era permitido que ninguém ocupasse o seu território. E no caso das vendas nas empresas (GM) ocorria o mesmo, a concorrência, uma Ford, uma Fiat, uma Volkswagem não poderia ocupar o meu espaço", diz Caldeira. Foi, então, criada a campanha de incentivo "Shogunato", que até hoje é uma referência no setor.

Nessa linha, foram estabelecidas as metáforas comuns ao incentivo: o dono da revenda era um *shogun*, a GM era o grande império a ser preservado e os vendedores das revendas eram chamados samurais. "Histórias fantásticas foram criadas baseadas nessa cultura; a espada do samurai, por exemplo, fica embainhada do lado direito ou esquerdo dependendo de quem ele visita (se um amigo ou um inimigo). Darumaka, aquele deus que representa o carma e possui um olho apenas, também era utilizado junto aos vendedores para suas metas de vendas: estimulavam-se os revendedores a reunir seus vendedores ao redor de um boneco gigante do Darumaka dizendo que as metas de vendas eram um valor e que, se as atingíssemos, desenharíamos outro olho... Foi um envolvimento muito bem-sucedido", alega Caldeira.

Incentivo é promover uma premiação a qual o participante não tenha acesso por conta própria. Nesse caso foi planejada uma premiação – resultado de uma meta estimada de crescimento de vendas – de forma diferenciada, ou seja, uma experiência completa que em hipótese alguma ele teria condições de realizar sozinho.

Não significava apenas uma viagem para o Japão. A ideia era que o país e a cultura fossem promovidos e percebidos pelos participantes, antes mesmo da viagem. A campanha de incentivo tem de envolver todo mundo, não é simplesmente vender mais. "Agora você é um samurai, tem de defender seu território, tem de trucidar seu inimigo". Foram utilizados diversos elementos japoneses: a culinária, o *manekineko*, o gatinho da sorte, a chama-fortuna etc. Isso em campanha de incentivo denomina-se sustentação.

Atualmente, esse mercado de incentivo mudou muito comparado à década de 1980; da célula inicial a Incentive House acabou gerando 22 pontos avançados. Hoje as agências de incentivo disseminaram-se, e houve uma especialização tal que há empresas focadas apenas em viagens de incentivos.

A campanha de incentivo, planejada a partir da necessidade dos clientes, constitui ferramenta básica do Marketing Promocional visando ao fomento das vendas, reconhecimento do trabalho de equipe ou treinamento de forma lúdica. Pode ainda ter a função de trabalhar a imagem da instituição perante o seu público externo e interno. Além disso, aplica-se a qualquer atividade empresarial visando à melhoria da produtividade e rentabilidade. Enfim, é uma ferramenta que pode e deve ser aplicada conforme o objetivo do cliente.

O propósito de uma campanha de incentivo é estimular o aumento ou a melhoria da produtividade, corrigir a falta de motivação ou dedicação do pessoal, fortalecer o espírito de equipe, injetar otimismo, manter ou mudar comportamentos e neutralizar esforços da concorrência. Presta-se a atingir determinadas metas das empresas clientes.

A essência do Marketing de Incentivo reside na valorização do ser humano. Qualquer esforço que não contemple o reconhecimento do indivíduo ou não se baseie em motivação corre o risco de não cumprir sua função de incentivo. Alguns dizem que o cumprimento de metas é dever do colaborador, porém o estimulo à superação é o ponto em questão. A técnica parte do elementar pressuposto de que todo ser humano sente-se bem e honrado ao ver reconhecida sua dedicação extra, obtendo recompensas legítimas que elevem sua autoestima e ofereçam reconhecimento público e visibilidade perante a equipe de trabalho e pessoas do convívio. Existem situações claras em que a motivação é a possibilidade de a família ser incluída no prêmio como, por exemplo, a conquista de uma viagem em que todos seriam beneficiados e em certa medida acabam por se orgulhar do vencedor. Uma criança nunca esquecerá a experiência de ter visto o Brasil jogar na Copa do Mundo na África. Dessa forma, o colaborador envolvido na campanha quer cumprir a meta para também atender o desejo de sua família. É a valorização dentro de casa.

Ao tratar de recompensas no contexto de campanhas de incentivo, há três tipos básicos de premiação: *cash*, produtos e serviços e viagens de incentivo. Esta última é a que fascina. Seguramente é a premiação mais desejada, especialmente se for internacional. Viajar é uma magia, é sempre empolgante.

É relevante dizer que, para determinados clientes, qualquer grupo de seus vendedores poderia viajar para a Inglaterra, mas não poderia jantar em um castelo na Inglaterra. É disso que se trata uma campanha de incentivo: a experiência ímpar que pode proporcionar. É comum o empresário, dono de concessionária, por exemplo, nos dias atuais receber muitos prêmios de diferentes empresas. Ele praticamente só viaja por meio de incentivos e aprecia porque viajar em grupo é muito mais seguro e atraente.

Quanto aos públicos envolvidos, estão relacionados principalmente ao canal de vendas. São as equipes internas das empresas, sediadas ou não em filiais e escritórios regionais ou distritais, bem como as equipes externas compostas por vendedores ou representantes comerciais fixos ou autônomos, agentes, revendedores, distribuidores e toda a cadeia envolvida. O Marketing de Incentivo aplica-se em premiar tanto a figura jurídica das empresas e escritórios como as figuras físicas, desde colaboradores com atividades de menor técnica até os proprietários titulares das organizações. Considerando esses diferentes públicos participantes, haverá também uma escala qualitativa de prêmios.

A inspiração de incentivos é muito orientada pelos gregos. Ao atleta grego que cumpria sua missão, quando voltava para a sua cidade, até muros eram quebrados porque ele não poderia encontrar nenhum obstáculo. Ele era ovacionado, erguia-se uma escultura em sua homenagem, ele ganhava uma coroa de louros... O vencedor de uma campanha de incentivo assemelha-se a esse atleta grego, pois se esforçou muito para atingir suas metas, então merece ser reconhecido. A recompensa, seja um produto ou uma viagem, faz parte dessa concepção.

Há também um elemento psicológico nessa premiação, que vai além da premiação pura e simples. Referimos-nos ao valor agregado à premiação, que se traduz em reconhecimento e *status*. É o sentimento gerado pela campanha no participante e que de fato fará com que fique em sua lembrança, na de sua equipe e de sua família. E, no caso de campanhas de incentivo, o reconhecimento é o fundamental. A diferença entre um soldado e um mercenário é que o soldado luta para defender as cores da pátria e o mercenário luta por conta do soldo, do dinheiro. Então, o fato de o indivíduo estar lutando pela sua marca deve ser reconhecido e valorizado.

Proporcionar algo muito diferenciado e que determinado segmento apreciaria mais que qualquer coisa é um exemplo disso: premiar o jornalista com um convite para assistir à entrega de um Prêmio Pulitzer. Premiações dessa natureza, hoje, fazem parte desses mixes que provocam experiências para as quais o participante provavelmente não teria condições financeiras e, mais do que isso, não teria iniciativa para fazê-las. Por exemplo, colocar os ganhadores a bordo de um supersônico da Força Aérea norte-americana. Viajar a uma velocidade do som, ultrapassar a capacidade do som. Isso é algo inusitado e que representa uma experiência incrível, única, que ninguém lograria facilmente. Assim, incentivo está diretamente relacionado com *experiência*. Esta gera valor pessoal ao participante da campanha e que, por fim, se reverte em maior comprometimento com a marca/empresa para a qual trabalha, estreitando o vínculo.

A escolha do melhor prêmio em dada campanha pode ser feita a partir do reconhecimento do perfil do participante, porém, em linhas gerais, a premiação ideal inclui produtos e mercadorias que não sejam de fácil aquisição dos participantes.

De toda forma, as melhores ações do Marketing de Incentivo são aquelas que combinam recompensas afetivas com as premiações materiais, valorizando o profissionalismo e satisfazendo aspirações inimagináveis.

Há diferentes formas de incentivar uma equipe de trabalho (vendedores, gestores, telemarketing) ou consumidores finais. A intenção é sempre adicionar um elemento agradável, lúdico e, talvez, útil na ação habitualmente desempenhada pelas pessoas envolvidas na campanha. Nesse sentido, o incentivo vai desde um telefonema dirigido especialmente ao participante para cumprimentar, solicitar/fornecer informações ou lembrá-lo da existência da campanha e de suas metas até uma incrível viagem com todas as despesas pagas.

A Unimed Paulistana realizou, certo ano, uma campanha de incentivo aos corretores e, como premiação, além de uma viagem, aqueles que atingissem as metas semanalmente receberiam ligações das duas personalidades que ancoravam a campanha, Nivea Stelmann e Reynaldo Gianecchini. As ligações eram ao vivo, e a corretora que atingisse o melhor resultado mensal recebia a visita dos dois para parabenizar a todos pessoalmente.

As viagens de incentivo constituem uma premiação "memorável" elevando o *status* social dos vencedores e valorizando-os em seu meio social. Viajar, e em companhia dos vencedores, representa uma inesgotável força de motivação para os ganhadores, apelando para um profundo sentimento da natureza humana e impelindo o participante a "desdobrar-se" para atingir resultados.

Essa premiação é ainda mais valorizada pelo participante quando oferecida com direito a acompanhante; não raro muitos participantes abrem mão do prêmio por serem casados, por exemplo. Além disso, a campanha também será valorizada pelo acompanhante, o que gera ainda mais força para o propósito final da campanha.

Porém, há um ponto muito relevante que deve ser considerado quando se está planejando oferecer uma viagem como premiação de incentivo. Para muitas pessoas, viajar é sempre apaixonante e, de certa forma, até mágico, mas para outras não passa de uma série de inconvenientes com os quais elas não têm condições de lidar de maneira positiva, tais como o inusitado, o clima, o desconforto no avião, o idioma. Sendo assim, muitas vezes o prêmio acaba virando um castigo. Ofereça uma viagem internacional ou para um destino exótico a um público que entenderá aquilo como um problema e constrangimento e veja todo seu esforço do incentivo ir por água abaixo, levado pelo desespero dos participantes. Não é o sonho de consumo desse tipo de pessoa. É necessário, sempre, ao planejar uma campanha de incentivo, *conhecer* o público que será premiado e *entender* como pensa, o que representa valor para ele, dessa forma você acerta o *target*.

O desenvolvimento de uma campanha de incentivo se constrói a partir de um adequado planejamento da ação, que deve ser original, criativo, suficientemente competitivo e atraente. Sua mecânica de funcionamento deve ser clara e de simples compreensão, pois mecânicas complicadas ou confusas desestimulam a participação. Lembrando sempre que as metas devem ser passíveis de alcance, ou a campanha tende a nascer morta.

Uma abordagem ainda anterior à mecânica de funcionamento da campanha é fazer uma análise sobre a real necessidade do cliente de uma campanha de incentivo. Geralmente, ele já domina suas circunstâncias e necessidades, mas, às vezes, a agência faz um estudo para saber se o incentivo é a melhor ação para aquele momento. Uma campanha de incentivo pode ser feita para estimular as vendas, mas nem sempre é a melhor opção, pois pode haver um descompasso entre venda e produção.

Assim, é preciso fazer uma avaliação para identificar se o foco do problema está mesmo na motivação de vendedores. Por vezes, há um problema na distribuição e não nas vendas. Em dados casos, o melhor é fazer uma ativação em pontos de venda (melhorando sua distribuição) para depois, sim, fazer uma campanha de incentivo. Tudo isso é feito no planejamento junto ao cliente para, depois de implantada, a campanha atingir seu grau máximo de eficiência. Observe que a característica própria de uma campanha de incentivo é exatamente isso; ela gera reconhecimento, treinamento, integração e venda.

É necessário estar preparado para colocar uma campanha de incentivo no ar. Vale mencionar o caso de um cliente que subestimou o resultado de uma campanha de incentivo, que gerou resultados superpositivos, acima do esperado. Houve uma aceitação enorme, e ele não conseguiu atender o volume de vendas gerado por ela. Isso provocou um efeito ao contrário do inicialmente esperado, uma frustração junto ao público envolvido.

Após essa análise conjunta feita com o cliente para identificar se o incentivo é a melhor ação, é elaborado um *briefing* com todos os dados para a composição da campanha: quais os públicos a ser atingidos; em quais faixas etárias e salariais estão; que tipos de prêmios ou experiências seriam mais adequados a esses públicos, pois certamente aspiram a prêmios diferenciados; duração da campanha *versus* verba disponível para gerar sustentação. Esses elementos fundamentam os estudos para a mecânica a ser empregada na campanha.

As mecânicas da campanha de incentivo devem ser cuidadosamente estudadas, envolvendo critérios para garantir conquistas de acordo com cada produto que se quer priorizar: alcance de cotas mínimas mensais; metas diferenciadas segundo divisão de participantes e seus potenciais de venda, ou seja, ter em mente distintos portes de venda dos envolvidos, prevendo metas individuais e metas globais.

É preciso fazer simulações para saber se a métrica adotada é tangível e cabível. Ou, ao contrário, se é demasiadamente fácil de ser atingida, e todos alcançarão a meta. Não há problema algum se todos baterem a meta, desde que esteja atrelada ao resultado e a verba de premiação seja uma margem desse valor. Nesse caso, denomina-se "bateu, levou". Entretanto, se a verba é fechada, o caso deve ser avaliado com muito critério. Por exemplo, em uma campanha de incentivo cujo objetivo é a venda de carros, em que o carro vale R$ 50 mil, pode-se estabelecer que parte do valor do carro seja destinada à premiação, ou seja, separam-se mil reais da venda do carro e reservam-se para compra do prêmio da campanha de incentivo. É possível dar um prêmio no valor de mil reais a todos que conseguirem vender o carro, pois a premiação já está calculada no valor do carro (bateu, levou). É diferente de a campanha destinar um prêmio de mil reais para cada um dos dez melhores vendedores da campanha, pois caso existam cem vendedores e apenas dez prêmios, logo será necessário criar um *ranking* de premiação.

Assim, é necessário estabelecer em regulamento uma métrica tal que se possa premiar apenas aqueles que produziram melhor resultado para a campanha. Uma coisa é o participante bater a meta e levar, e outra coisa é montar uma mecânica quando ele tem de conquistar uma pontuação para que tenha direito àquele prêmio; nesse sentido, você começa a diferenciar uma coisa e outra.

Um planejamento muito simplificado e pouco estudado pode gerar reclamações. Por esse motivo, é importante considerar uma escala qualitativa de prêmios, já mencionada neste capítulo. Por exemplo, uma campanha que envolva 50 concessionárias no Brasil. Se você oferecer prêmios iguais para todos, pode ser injusto, pois o potencial de vendas de cada concessionária é diferente, dependendo do tamanho e região de atuação e das características do mercado local. O melhor é categorizar isso tudo, separar pelo porte de cada concessionária conforme o potencial de vendas. Montar grupos dessa natureza para conseguir premiar cada um que atingir suas metas e, assim, concorrer aos prêmios dentro de grupos de mesmo porte. Pode-se realizar uma premiação considerando o atingimento de metas individuais por concessionárias e, ainda, premiar pela conquista da meta global, se todas as concessionárias atingirem suas metas. Essa análise é importante para estruturar a operação da campanha e constará do regulamento.

Em síntese, o planejamento de uma campanha de incentivo define toda a mecânica de funcionamento, fundamentado nas premissas descritas anteriormente, e seus termos deverão constar de um regulamento detalhado e abrangente.

O regulamento é uma questão fundamental na composição de uma campanha de incentivo. Ele é que dá todas as condições de participação de uma campanha. Ele fornece as diretrizes sobre o que você acertou ou errou e minimiza alguns questionamentos sobre o funcionamento da campanha, orientando os participantes. Deve ser didático, bem claro e explicitar as regras e formas de pontuação estruturando tabelas elucidativas; explicitar se a pontuação do vendedor está ligada a algum tipo de resultado; prazos de entrega de resultado de vendas (com folga para a tabulação de resultados e *rankings*); que tipos de prêmios serão ofertados e destino, no caso de viagem de incentivo; prazo para resgate dos prêmios e possível dilatação da Central de Atendimento.

Ao finalizar um regulamento, ele deve ser amplamente divulgado ao público. É bom lembrar que os participantes não gostam e não costumam ler os regulamentos, somente quando se sentem prejudicados, evidentemente. Aqui todo cuidado é pouco, pois alguma falha, omissão ou redação equivocada pode comprometer a imagem de uma campanha e até gerar processos jurídicos indesejáveis.

Uma campanha de incentivo pode ser subdividida em fases. A primeira delas dura, geralmente, um mês e consiste no chamado *warm up*, que significa a preparação da campanha: ambientar os vendedores para o reconhecimento da campanha. Alguns elementos da campanha são enviados para o vendedor para que fique ciente de sua execução.

A segunda fase é o período de vendas, o qual é seguido de coleta de dados e resultados. E a última fase seria o período de premiação e reconhecimento. Uma campanha de incentivo ideal dura mais ou menos de seis a oito meses, mas isso depende muito do produto que está sendo trabalhado. A duração de uma campanha depende de seus objetivos: girar estoque ou gerar volume de vendas. Cada objetivo leva a uma dose de agressividade, por exemplo, decidir por uma liquidação para girar um estoque, porque alguma mercadoria vencerá daqui a seis meses.

O sucesso de uma campanha de incentivo é, sem dúvida, determinado pela criação, planejamento, conceituação, tematização, mas principalmente por sua comunicação adequada e atraente observada em todas as fases. A agência planeja a campanha sob a égide de uma temática central e com tratamento lúdico, de tal forma que auxiliará na adesão de seus participantes.

Nesse momento, a agência disponibiliza todo talento criativo para a confecção dos materiais de comunicação, desde a logomarca ou logotipo, todas as peças promocionais (o *broadside*, folhetos, *teasers* etc.) até os brindes e premiações.

O lançamento e apresentação da campanha são feitos, normalmente, por meio da organização de um evento de caráter nacional ou regional. Reunir os participantes em um único lugar é o ideal, mas nem sempre isso é possível. Não é bom tirar o vendedor do campo porque o prejudica em suas vendas. Em contrapartida, pode-se dar um treinamento ou uma palestra motivacional on-line. Geralmente, a campanha de incentivo é lançada em uma Convenção de Vendas onde todo o planejamento e a estratégia da empresa são apresentados.

Os elementos de comunicação reforçam a divulgação e sustentação da campanha de incentivo. Significa dizer que campanhas com longos períodos devem ter em seu planejamento estímulos de sustentação ou premiações parciais com o objetivo de não deixá-las cair no esquecimento.

Campanhas longas, sem sustentação, tendem a ter menor resultado, pois o volume de atividades do profissional envolvido faz com que ele se lembre da campanha apenas no momento de fechamento e, nesse momento, é tarde para qualquer recuperação.

Por essa razão, é necessário impactar o participante constantemente para que a ação não caia no esquecimento e para que haja tempo para reação, caso os resultados não estejam satisfatórios. É fundamental estabelecer os canais de comunicação com o grupo participante da campanha, com o objetivo de manter a ação sempre em evidência e ter retorno da percepção e evolução da campanha, pela opinião ou sugestões dos participantes.

E os canais são muitos: folhetos, jornais, sites da campanha, rádio temática na internet, mensagem por telefone (SMS), e-mails, 0800, enfim qualquer forma eficiente de dar e receber informações pertinentes à ação. Sempre com uma frequência estabelecida, diária, semanal ou mensal, de acordo com o porte da campanha.

Implantar também uma comunicação personalizada, como um cartão de aniversário ou carta de congratulações, pequenos *gifts* por cumprimento de metas, entrega lúdica e animada de prêmios, enaltece o ego de qualquer participante. Serve também como estímulo para uma participação mais ativa de todos os demais participantes e pode gerar uma divulgação espontânea e muito positiva da campanha.

O canal de comunicação com o participante é a melhor forma de identificar o desempenho individual e motivar conquistas. É fundamental o participante saber que está próximo de conquistar algum prêmio e, para isso, deve-se comunicar o resultado parcial com tempo hábil para que ele exerça um esforço extra e conquiste a premiação.

Delineada a campanha e lançada ao público-alvo, o passo seguinte seria a administração da campanha, que é feita por uma Central de Operações. A implantação da campanha de incentivo requer, às vezes, o desenvolvimento de sistemas tecnológicos integrados com resultados de vendas ou acompanhamento de desempenho de equipe.

Administrar uma campanha é mensurar resultados, pois, avaliando resultados dia após dia, é possível corrigir o rumo da campanha. Exemplo: têm-se dez produtos sendo incentivados e oito estão com resultado satisfatório, porém dois produtos estão ruins em vendas. A Central de Operações pode potencializar a pontuação daqueles produtos que não estão indo bem para que o participante concentre mais energia nesses produtos. Isso é uma decisão estratégica para obter melhores resultados e, dessa forma, corrige a campanha no seu decorrer (se for bem gerenciada). Por essa razão, a Central de Operações deve fornecer constantemente o posicionamento da campanha para que se tenha velocidade de reação nessa correção de rota. Não se pode esperar a campanha acabar para saber qual foi o desempenho dos produtos. Esse tipo de informação deve ser administrado constantemente.

Durante a campanha se corrigem rumos, metas, resultados, criam-se premiações intermediárias para poder atingir os resultados que se buscam. Este é o papel da Central de Operações: acompanhar e controlar os resultados da campanha, corrigindo estratégias, a fim de maximizar seus resultados. Atualmente, esse gerenciamento é feito com o auxílio da tecnologia, que permite acompanhamento por meio de demonstrativos quase que *on time*. É possível desenvolver um site no qual o participante verifique sua pontuação e possa ainda fazer resgate de prêmios pela troca de seus pontos. Isso minimiza custos e agiliza a operação. Hoje, a impressão de catálogos em papel, usada durante muitos anos, quase já não existe mais; a tecnologia está substituindo essa dinâmica. Os processos das campanhas são todos informatizados, inclusive o catálogo de prêmios.

O catálogo de prêmios dá ao participante a possibilidade de escolher o seu prêmio. Isso é muito positivo, pois permite que esse participante tenha autonomia para eleger o prêmio que mais o agrada; ele pode não querer um único prêmio de alto valor, mas sim trocar seus pontos por vários prêmios de pequeno valor.

O catálogo de prêmios eletrônico é personalizado para cada campanha. Isso é acordado com alguns parceiros de *e-commerce*. Escolhe-se uma empresa que tenha um catálogo amplo como o Submarino, por exemplo, muda-se o *face* da página e ocultam-se os preços de todos os produtos, que se transformam em prêmios, já com a pontuação de cada um aparecendo.

Outro detalhe relevante na campanha de incentivo é a forma de apresentação e envio dos prêmios, que envolve qualidade dos materiais criados, embalagens, formas ágeis e seguras de envio, envelopamento/etiquetagem impecáveis, entregas diferenciadas (como telegrama animado) e performances.

Pode-se utilizar o SMS para divulgações significativas a cada vendedor. Por exemplo, o vendedor tem mil pontos e precisaria de mil e cem pontos para atingir uma meta. Então, faz-se um estímulo durante a campanha: "Amigo, faltam somente cem pontos para você atingir sua meta e conseguir a premiação máxima... então, dê um gás porque daqui a x dias já se encerra a campanha...". Isso é o que a tecnologia trouxe de bom para as campanhas; a administração de forma tecnológica traz um resultado maravilhoso.

O coração da campanha é sua Central de Operações, formada por profissionais que entendem do assunto incentivo e são treinados para responder a qualquer dúvida sobre o desenrolar da ação.

A Central de Operações é o núcleo gestor da campanha, é esse grupo que tem por missão administrar pontuações, resgates de prêmios, envio de materiais de sustentação e esclarecimentos sobre o regulamento da campanha. É responsável também pela organização e divulgação de cronograma de remessa das peças e materiais, cartas de incentivo aos participantes e influenciadores de opinião; análise e controle contínuo dos resultados; seleção dos ganhadores parciais e envio de prêmios; apuração final dos resultados; avaliação parcial/final (relatórios); recolhimento da alíquota de impostos etc.

Por fim, ao concluir este capítulo sobre campanhas de incentivo, é importante que fique claro que incentivo é a forma de relacionamento que mais conecta trabalho, lucro e sonhos. É uma das formas mais democráticas de partilhar sucesso.

VII

EVENTOS PROMOCIONAIS

Em consonância com o universo do Marketing Promocional, para tratarmos do assunto eventos, foi eleita, neste capítulo, a abordagem de determinados tipos de eventos como convenções, lançamento de produtos, feiras e eventos proprietários. Entretanto, é razoável traçar em que cenário o segmento de eventos se consolida no mercado empresarial e quais esferas ele tangencia ou mesmo trava uma superposição no tocante à sua concepção e planejamento. Desconsiderar esses aspectos pode ser temerário para um entendimento macro dos eventos promocionais.

É relevante considerar o destaque que o segmento de eventos atingiu nos últimos anos no mundo e a parcela que o crescimento de eventos corporativos brasileiros representou nesse volume.

A Pesquisa *"Eventos Internacionais no Brasil"* – Resultados 2003-2009 desafios para 2020, realizada pela Embratur, em maio de 2010, aponta que 50 milhões de viagens são realizadas anualmente no mundo, com objetivo de participar de eventos ou grupos de incentivo. E 30 bilhões de dólares é a movimentação estimada do segmento Mice (*Meetings, Incentives, Conventions & Exhibition*) no mundo.

O Brasil já figura entre os dez países que mais recebem eventos internacionais no mundo (*Ranking* ICCA, 2009) e alcança novo patamar com a captação da Copa (2014) e dos Jogos Olímpicos (2016).

A performance do Brasil como destino de eventos internacionais é na verdade superior ao que é expresso pelo *ranking*. Segundo a ICCA, em 2008, foram contabilizados 7.323 eventos. Destes, o Brasil recebeu 254. A questão é que o país não concorre na captação da totalidade dos eventos. Existem encontros apenas europeus, asiáticos ou escandinavos, por exemplo.

O Brasil disputa a captação dos eventos mundiais, latino-americanos, interamericanos e ibero-americanos – que representam 55,8% ou pouco mais da metade do total. Os países europeus, que são maioria entre os dez primeiros da ICCA, disputam 80% dos eventos.

Nosso país conquistou, em 2008, 6,21% de *share* entre os eventos que poderiam se realizar no país – um índice muito próximo do primeiro país europeu do *ranking*, a Alemanha, que teve uma participação de 6,87%. A Espanha, terceira no *ranking*, chegou a 5,83%, índice inferior ao alcançado pelo Brasil.

O estudo da Embratur (2010) revela também o significado econômico do desenvolvimento dos eventos:

> *Além da grande movimentação financeira gerada pela presença de visitantes internacionais em um evento, a cidade sede e o país se beneficiam em aspectos, muitas vezes, incalculáveis – referentes à imagem que o visitante passa a ter daquele local ou aos avanços registrados no desenvolvimento profissional daquele setor tecnológico ou científico do país que sedia o encontro.*

Outro aspecto a considerar é que, sem dúvida, a área industrial e empresarial também soube, com propriedade, utilizar os eventos como uma ferramenta importante para a divulgação de suas marcas, produtos e tecnologias. Rapidamente os eventos foram incorporados à área de Comunicação – prerrogativa essa pertencente apenas à comunidade científica – e encontrou terreno fértil nas ações do Marketing Promocional, uma vez que despertam o interesse da clientela e ajudam a vender produtos criando uma aproximação com os consumidores.

Comparados à mídia, os eventos constituem instrumentos de comunicação mais sutis e sofisticados que, além de vender, informam o público, despertam sua simpatia e produzem uma experiência favorável à empresa promotora.

É extenso o campo de eventos e acontecimentos que permitem explorações de âmbito comercial, na divulgação ou venda de produtos, bens, serviços e ideias. Isso significa que os eventos podem ser aproveitados pelas ações promocionais de forma direta, nas quais o principal objeto é a empresa, que gera eventos próprios de acordo com suas necessidades e interesses. Ou ainda indiretamente, as empresas patrocinam eventos já existentes que, em certa medida, se adaptam melhor ao perfil de seus clientes e consumidores.

A trajetória dos eventos corporativos nacional também acusa crescimento e destaque expressivo no segmento global de eventos. Segundo pesquisa do MPI – Meeting Professionals International – sobre os eventos realizados no país, é possível observar não apenas elementos mensuráveis, mas uma avaliação qualitativa que demonstra uma nova lente para compreender esse universo e suas tendências inovadoras.

Estima-se que as mil maiores empresas do Brasil realizem, cada uma, 270 eventos por ano em média, o que daria uma conta de 270 mil eventos realizados no país. Os principais estão voltados para o relacionamento externo (53%). Outra parte tem foco no público interno (26%) e é destinada à divulgação de metas e estratégias da empresa (18%), aponta a pesquisa "Análise de Mercado", encomendada pelo MPI – Meeting Professionals International. São festas fechadas, congressos, estande em feiras, treinamentos, convenções, viagens de incentivo, confraternização de final de ano, patrocínio de eventos culturais, esportivos e shows e coletiva de imprensa. O estudo obtido pelo site Mundo do Marketing mostra uma grande evolução nos três últimos anos.

A maioria das empresas passou a ter um calendário (71%) e mais tempo para planejar o seu principal evento, passando de três para quatro meses. "O fato de ter um calendário indica maior planejamento e cuidado com os eventos", afirma Adélia Franceschini, coordenadora da pesquisa. "Houve um crescimento e uma organização da estrutura de gestão de eventos nas maiores empresas", completa Elizabeth Wada, diretora do MPI no Brasil. "Ainda há um longo caminho a ser percorrido, mas sem dúvida houve uma grande evolução. As empresas perceberam que, além da publicidade, os eventos também são responsáveis por fortalecer a marca e fidelizar clientes", ressalta Ricardo Buckup, vice-presidente de Desenvolvimento Setorial e Eventos da Ampro – Associação de Marketing Promocional.

Os profissionais de eventos já reconhecem há muito tempo que evento não é apenas sinônimo de festa e comemoração. É elemento importante de comunicação e alavanca negócios, ou seja, evento é ferramenta de marketing, é estratégico, "não é relacionamento pelo relacionamento. É um relacionamento focado em negócios. Sendo interno ou externo, um evento hoje tem objetivo", constata Beth Wada. Também concorda com essa ideia Thiago Ely, gestor de eventos da Ambev, em entrevista concedida ao Mundo do Marketing: "O evento é uma parte importante do composto de marketing para garantir que as nossas marcas tenham um resultado excelente junto ao consumidor".

Algumas Definições de Eventos

Discorrer sobre o segmento de eventos de forma assertiva é sem dúvida uma tarefa árdua, pois o termo *evento* tem sido utilizado para designar os mais diferentes tipos de acontecimentos sociais, técnicos e promocionais, independentemente do porte e da finalidade. Porém, o uso indiscriminado e excessivo do vocábulo contribuiu para certo esvaziamento do seu sentido e para a confusão no significado exato de cada certame. Significa dizer que esse mesmo e enorme "caldeirão" parece comportar muitos ingredientes e, talvez, o resultado seja de sabor duvidoso. Até mesmo o resultado anteriormente apresentado sobre a estimativa de eventos realizados no país deve ser visto com cautela, segundo a opinião dos autores, considerando que nem sempre há um alinhamento consensual sobre o significado do termo *eventos empresariais*. Um café da manhã para um pequeno grupo de acionistas, por exemplo, não deixa de ser um evento, mas difere imensamente de uma convenção de vendas para mil participantes.

Por essa razão, a abordagem conceitual, antes mesmo de discorrer sobre os tipos de eventos propostos neste capítulo, traz foco e alicerce para melhor entendimento e, talvez, a adoção de uma nomenclatura própria que os autores ora reivindicam a partir desta publicação.

Mãos à obra, então. A estudiosa Cesca afirma que evento é um fato que desperta a atenção, podendo ser notícia e, com isso, divulgar seu promotor. Ela define eventos sob a ótica de RP, ou seja, evento é a execução do projeto devidamente planejado de um acontecimento, com o objetivo de manter, elevar ou recuperar o conceito de uma organização junto ao seu público de interesse (Cesca, 1997).

Já Giácomo analisa o evento como "componente do *mix da comunicação*, que tem por objetivo minimizar esforços, fazendo uso da capacidade sinérgica da qual dispõe o poder expressivo, no intuito de engajar pessoas em uma ideia ou ação" (Giácomo, 1993).

Renomadas instituições como o Senac e o Sebrae adotam em seus manuais um *enfoque técnico-científico*: "*eventos são um veículo importante para divulga-*

ção e transmissão de novos conceitos, ideias e conhecimentos a grupos especializados e representativos de empresas, associações e entidades de pesquisa" (Senac, s/d.); ou um *enfoque promocional*: "*eventos constituem ferramenta importante de Comunicação e Marketing, utilizada para reunir públicos de consumidores potenciais, envolvendo-os e condicionando-os positivamente para a compra de determinados produtos ou serviços, além de favorecer a formação de uma boa imagem da instituição promotora*" (Sebrae, 1998).

Outra visão é expressa pela consultora e docente Britto, na qual afirma que evento é um momento único, que sempre ocorre em um determinado espaço e tempo, acaba aproximando pessoas, produtos e serviços, promovendo a perfeita interação entre eles (Britto, 2002, p. 24).

A Embratur – Instituto Brasileiro de Turismo, em estudo sobre eventos, também demonstra a pujança do mercado de eventos e uma gama de possibilidades de atuação, não só na iniciativa privada como também no setor público, o que em certa medida desenha linhas conceituais mais abrangentes:

> O mercado de eventos tornou-se uma atividade de âmbito mundial por meio de seu impacto econômico, comercial, técnico, científico e sociocultural. A captação de eventos é, atualmente, uma estratégia utilizada pelo setor público para a atração de visitantes, consequente do desenvolvimento local em todo o mundo. O âmbito de atuação do mercado de eventos é extremamente amplo, podendo movimentar na sua cadeia produtiva, segundo a Organização Mundial do Turismo, mais de 50 segmentos, abrangendo as mais variadas formas de transporte, hospedagem, lazer, alimentação, comércio e demais serviços especializados[1] que um evento pode demandar/oferecer. Desta forma, a perspectiva econômica predomina na decisão de sediar um evento; no entanto, existe um crescente reconhecimento de outros benefícios que um evento pode gerar. (Embratur, 2009)

Os eventos internacionais captados recentemente pelo Brasil, ou seja, a Copa 2014 e as Olimpíadas 2016, confirmam o empenho para a consolidação desse cenário.

Essa plataforma conceitual, ilustrada pelo empenho de estudiosos, certamente traçou os limites das ações de diferentes áreas, como Relações Públi-

---

[1] Destaque dos autores.

cas, Comunicação, Marketing e Turismo, que na verdade interagem no setor de eventos. Embora muito já se tenha comentado sobre eventos e suas potenciais metas promocionais, a denominação *eventos promocionais*, sem dúvida, mereceria uma definição própria mesmo que essa iniciativa emprestasse os elementos das demais conceituações sobre os certames, uma vez que é quase impossível dissociar a estruturação de um evento das ações promocionais em si.

Os eventos promocionais poderiam, então, ser definidos como: *qualquer ação no espectro das comunicações com finalidade mercadológica ou similar, visando conquistar ou recuperar o seu público-alvo. Ou, ainda, como o conjunto de atividades profissionais desenvolvidas, com o objetivo de alcançar o seu público--alvo, por meio do lançamento de produtos; apresentação de campanhas, de uma pessoa, empresa ou entidade visando ao marketing de relacionamento em busca de consolidação da imagem institucional ou marca.*

Convenções de Vendas e Lançamentos de Produtos

Definir o termo *convenção*, conhecer suas características inerentes e as metas que tenta lograr é elementar para a compreensão exata desse tipo de evento, quando de sua escolha por parte da empresa privada, foco específico deste capítulo.

Convenções são reuniões fechadas, promovidas por entidades políticas ou empresariais para troca de experiências e informações, reciclagem, treinamento, entrosamento, sempre com temas de interesse comum ao grupo. As convenções buscam a integração do grupo, submetendo-o a determinados estímulos coletivos, para que passe a agir em defesa dos interesses da empresa ou partido político.

Uma convenção busca trazer ao público-alvo experiências. Trata-se de estreitar o relacionamento entre empresa e os recursos humanos. Uma empresa que é vista como "fria" pode estar mais próxima dos seus colaboradores por meio da convenção, ou seja, o ser humano que é "quente". Em síntese, quer construir uma sinergia entre a empresa e os seus colaboradores. A convenção gera uma paixão, pretende demonstrar que a expressão do "vestir a camisa" é mais que um discurso; é a instituição preocupada com seus colaboradores para que eles possam dar o retorno esperado pela empresa, que não necessariamente seria maiores lucros, mas o comprometimento que os antecede.

Aqui cabe um "parêntese" sobre o lançamento de produtos, que inúmeras vezes é objeto central de uma convenção e, em outros momentos, é realizado de forma independente. A diferença básica é que, se tal lançamento for desenvolvido na convenção, ele constitui um capítulo, compondo o tema maior desse evento. É a ocasião em que se anuncia o lançamento breve do produto, é o momento de contar a estratégia de comunicação e discorrer sobre os objetivos de venda para seus colaboradores. Por outro lado, realizar um evento específico com exclusividade para o lançamento de produto demanda outro tipo de estrutura envolvendo os formadores de opinião, ou seja, a imprensa é acionada para "estourar" no mercado o produto em questão, para haver uma exposição de forma diferenciada, como mídia espontânea.

Na verdade, o foco é muito mais para gerar uma disseminação da informação na qual todos tomarão conhecimento. É um evento de Relações Públicas em que se convidam os formadores de opinião, *havy users*, os amantes e interessados por aquele produto, no qual um roteiro é criado para provocar o impacto desejado com a intenção de gerar notícias.

Falar de convenção é entrar em um mundo fascinante de criatividade e inovação, sem dúvida, mas não se limita a esse aspecto. Exige planejamento e cuidadosa organização. Tecnicamente, pode-se dizer que a convenção caminha por diferentes etapas desde sua concepção junto ao cliente – retratada pelo planejamento e ações do pré-evento – até alcançar a convenção em si, composta por uma atraente programação, cuja extensão frutifica no pós-evento.

A concepção e planejamento da convenção

A construção de uma convenção inicia-se pelo *briefing* do cliente transmitido ao atendimento da agência de Marketing Promocional, no qual filtra as informações por meio de instrumento específico: o *formulário de convenção*, que indicará o público-alvo, número de participantes, metas e objetivos, particularidades, restrições etc. Esse documento é dirigido à criação e à equipe de planejamento que vai trabalhar de acordo com essa informação, com base no conceito da empresa ou marca, e, ainda, sugerir as atividades e as atrações mais adequadas para tal convenção. Decidir que tipo de abordagem será feita, analisar se é uma convenção de trabalho, de lazer ou um misto são itens a ser concebidos junto com o cliente e que determinarão a sua duração.

Na convenção se busca um conceito, um tema para que as pessoas se iden-tifiquem com a empresa ou com o momento que está vivendo (ou quer viver). Outro fator importante a considerar é o dimensionamento e qualificação do público; isso significa dizer o número de participantes e o tipo de pessoas que serão o alvo da convenção (mulheres, homens, com distinta faixa etária, execu-tivos, gestores, vendedores, revendedores etc.).

Essa delimitação de público, juntamente com as metas da empresa, é deci-siva para a escolha do local. Assim, a percepção do melhor local tem a ver com os objetivos do cliente. Por exemplo, uma convenção de premiação pode ser só lazer e, talvez, nesse caso, realizá-la em uma praia fosse ideal. O que já não ocorre com uma convenção estritamente de trabalho, pois seria muito aflitivo e desmotivador estar em uma sala fechada o dia todo no litoral nordestino, em dias ensolarados.

A adequação do local conforme o público em questão, como executivos ou operários, ajuda para que a pessoa fique à vontade. Isso não significa que a clas-se socioeconômica determine a maior ou menor sofisticação do espaço; apenas visará para que o ambiente não intimide o público participante de forma que ela não se sinta bem. Tal escolha também depende muito do investimento que o cliente quer e pode fazer e se a convenção é nacional ou internacional. Além disso, um local deve atender às necessidades de hospedagem e restaura-ção, ou seja, alimentos e bebidas.

A partir dessa escolha, a logística entra em cena e merece toda a atenção. Significa dizer que, para tratar com precisão do transporte, grades de voo, tras-lados, guarda e distribuição de volumes, convém contratar uma empresa espe-cializada em logística, com experiência comprovada nesse campo, para evitar contratempos. É conveniente, antes de entrar em qualquer detalhe operacional, retomar a questão do planejamento e de como a convenção em si vai tomando corpo, visando à aprovação final do projeto pelo cliente.

Assim, de posse de todas essas informações do *briefing* (público-alvo, local, objetivos e temática), o próximo passo é que o time de criação da agência de Marketing Promocional elabore a estrutura da convenção com base na ideia/ conceito que se deseja passar. Esse arcabouço consiste na programação da con-venção e sua mecânica. É preparado um roteiro minucioso dia a dia, minuto a minuto, que relata o que a convenção tem a dizer ao participante e por quais instrumentos. Isso dará os contornos praticamente definitivos ao evento, que resultará em layout e uma apresentação a ser demonstrada ao cliente.

A implantação efetiva dessa proposta exigirá que a criação e o planejamento (pré-produção) caminhem de mãos dadas. O trabalho entre as áreas é conjunto, e a viabilidade das ações é comprovada antecipadamente pelo planejamento. Por exemplo, Ivete Sangalo é a opção que a criação da agência de Marketing Promocional indicou ou deseja, mas o departamento de planejamento/pré-produção observou que, na data prevista, a artista não tem agenda.

Em termos de programação, o importante é que o conteúdo que o cliente quer passar para o convencional tenha um apelo interessante, que não seja aborrecido, cansativo. Nessa linha, a agência também trabalha a forma de apresentação desse conteúdo. O lúdico é uma ótima opção, com atores, shows, palestras e esquetes teatrais. Seguramente a forma mais adequada seria trabalhar o desenvolvimento dos elementos lúdicos sempre de maneira consoante com o tema da convenção. Aliás, todo o trabalho de planejamento deve ser apropriado ao tema que foi criado.

O lúdico não significa que não seja sério, apenas trata temas com maior despojamento. É um recurso, uma ferramenta utilizada para que o convencional absorva a mensagem de uma forma mais fácil e interessante. Ele estará mais aberto para receber esse tipo de mensagem. Há clientes que gostam; outros, não, depende do perfil da empresa e seu público.

De toda forma, é preciso tomar cuidado com a pertinência da programação e o público a que se dirige. Caso contrário, haverá uma escolha equivocada das atividades. Por exemplo, programar uma clínica de futebol para um público predominantemente feminino. É preciso dosar as coisas. Isso é fundamental na construção e no planejamento de uma programação.

As palestras também são recursos muito utilizados em convenções e, nessa área, é possível contar com uma gama de bons profissionais, cujas mensagens possuem aspectos motivacionais, de liderança, de superação, interativas, gerenciais e de vendas. Existem, atualmente, empresas especializadas em oferecer esse tipo de produto para convenções, bastando indicar qual o público e tipo de abordagem de interesse.

Além desses aspectos lúdicos e criativos aplicados às convenções, há uma alternativa sedutora e muito em voga nas baladas e eventos sociais, que é o uso de celebridades. Em eventos, essa função de colocar mais brilho à festa é do *promoter,* que convoca seu público com esse artifício e, em consequência, consegue atrair a mídia.

A opção por contratar celebridades que são formadores de opinião e possuem certo carisma tem como objetivo dar credibilidade ao convencional sobre o que a empresa quer passar. Por exemplo, uma bola autografada pelo Pelé ou pelo Ronaldo, "o Fenômeno", representa uma experiência única. Assim, aproveitar essa característica da celebridade e transferir para o conceito da convenção é uma boa estratégia. Entretanto, isso deve ser coordenado, não pode ser desprovido de sentido.

Por exemplo, a aplicação do tema de esportes (futebol) à conquista de espaço da empresa no mercado estaria correlacionada com as conquistas no futebol. Fazem-se analogias com o técnico de futebol e o gestor da empresa, conhecer quais as técnicas utilizadas para chegar ao "gol", ou seja, atingir suas metas, e assim por diante.

Alguns cuidados são recomendados no momento de escolher um mestre de cerimônias, que é uma celebridade para uma convenção. Não basta ser um artista renomado, terá de ser um profissional que tenha habilidade para solucionar situações adversas. Outro ponto diz respeito à contratação de artistas contratados regularmente por emissoras de televisão. Apesar de a triangulação agência/atriz-ator/emissora existir, por vezes algo pode passar e a convenção ficar sem a sua principal atração. Observe que, nesse caso, a disponibilidade financeira não é fator determinante para equacionar a questão. Porém, é claro que a inexistência de limitações monetárias ajuda e facilita qualquer operação. Um exemplo disso seria a importância de ter um show de Zezé de Camargo e Luciano para uma convenção, porém, no mesmo dia, já haver outro show de sua turnê; com recurso financeiro disponível, não haveria problema de deslocamento, bastando para isso contratar um jatinho e ajustar horários.

Mecânica operacional da convenção

Uma vez que a concepção e o planejamento da convenção estejam estruturados, é pertinente refletir um pouco sobre alguns elementos da mecânica operacional da convenção. Trata-se da logística e suas implicações para numerosos convencionais. Imagine uma convenção para mil mulheres de todo o Brasil. A média de malas será duas por pessoa, ou seja, temos duas mil malas chegando ao hotel e que necessitam ser distribuídas para os quartos e estarem disponíveis para essas convencionais nos momentos certos. A chegada, normalmente, é escalonada e obedece a uma grade planejada para facilitar a organização, porém a saída é pontual, ou seja, no mesmo momento e ninguém admitirá perder o voo por uma falha da agência organizadora. Assim, é necessária uma equipe pensando nos detalhes, como carregadores extras, produtores personalizando as bagagens, transporte exclusivo e especializado que viabilize tal logística. Quando a empresa é bem estruturada, esse e outros detalhes já estão previstos.

É bom ressaltar que a função de uma agência, além de criar e tematizar para que o evento tenha uma pertinência conceitual, é também organizar o evento por meio da administração de terceiros para que tudo funcione com o que foi planejado. A função da agência, como o próprio termo sugere, é "agenciar". A "dor de cabeça" não é do cliente. Sua área de recursos humanos não tem obrigação de produzir o evento e sim estabelecer objetivos. Aliás, uma empresa contrata uma agência justamente para que sua equipe de marketing ou recursos humanos fique confortável e focada apenas na organização dos conteúdos, deixando a produção para a agência. Foge do seu *core business* essa função. Além disso, uma agência, por sua experiência, possui mais poder de negociação e assertividade junto aos fornecedores, cuja qualidade já foi inúmeras vezes comprovada. Por outro lado, embora o objetivo da agência seja atender o cliente com valores acessíveis e com margens para investir, ela também lucrará com essa iniciativa.

Uma vez aprovado o projeto da convenção pelo cliente, iniciam-se a definição e estruturação da equipe para que todas as etapas subsequentes sejam executadas, o que habitualmente é chamado produção executiva, apenas com alguns diferenciais de agência para agência.

Temos a *equipe de produção*, que representa o coração do evento, composta por: produtor *master*, é um produtor chefe que coordena todo o trabalho e tem a noção do todo; produtores executivos, como os encarregados de A&B, da parte artística e programação de atividades, de montagem (infraestrutura, arena e palco), de materiais (*folders*, brindes, cadernos, *banners* etc.); *produtor* financeiro (responsável pelo fluxo de pagamentos e formalização das contratações); produtor técnico, que é responsável pelo som, luz, internet; produtor de logística (chegada e saída dos convencionais); assistentes, que auxiliam no processo, e apoios, que trabalham somente nos dias do evento. Enfim, uma equipe definida para cada tipo de convenção.

Um organograma[2] ilustra como se ajusta a equipe de profissionais em uma convenção para 600 e 1.200 convidados.

É conveniente destacar também que há um instrumento chamado "tempos e movimentos", jargão criado pela Ambev que foi adotado por todas as agências. Ele consiste em um bom recurso, no qual você acomoda em uma planilha cada coisa que deve acontecer durante o evento, com horários, tempo de duração, conteúdo, tônica, recursos técnicos necessários. Com essa planilha em mãos, você pode reformular uma programação em virtude de algum imprevisto. É ela que deverá ser seguida pelos produtores e por toda a equipe técnica no decorrer do evento. Por exemplo, atrasos na programação da palestra no auditório, que comprometerão a qualidade do *coffee break*. O "tempos e movimentos" permite solucionar essas questões. Tudo pode ser redimensionado a cada minuto.

Uma convenção completa é aquela que também disponibiliza um canal de comunicação sobre o evento realizado entre empresa e convencionais. Assim, um questionário completo de avaliação é, usualmente, aplicado para obter a percepção do convencional (hospedagem, A&B, atividades, produção etc.). Essa enquete é tabulada e vai gerar a avaliação do convencional, ou seja, sua opinião.

Por parte da empresa, devem ser feitas reuniões frequentes de avaliação pós-convenção com a equipe da agência e o departamento de marketing da empresa. Uma avaliação positiva seria aquela que atingiu os objetivos previamente estabelecidos no projeto inicial da convenção em questão ou que até os superou.

É comum que os resultados da avaliação dos convencionais determinem outras ações futuras, como uma campanha de endomarketing (incentivo interno e comunicação aos funcionários) ou o estabelecimento de metas para o período juntamente com o departamento de marketing.

---

[2] Vide Anexo 1.

A avaliação para o cliente é mais técnica, e a avaliação do convencional é de participação. Por exemplo, para o cliente tudo saiu perfeito do ponto de vista técnico, infraestrutura, shows, programação e a convenção foram ótimos, mas para determinado convencional foi péssimo, pois sua mala foi extraviada.

Os resultados de uma convenção acabam por ser perpetuados pelas lembranças positivas deixadas na memória do convencional e que a empresa pode potencializar com outras ações de marketing, que estimulem vendas ou consolidação da própria marca junto aos seus colaboradores.

O desafio da imprevisibilidade

Finalmente, o ponto que não poderia deixar de constar neste capítulo são os problemas mais comuns em qualquer evento e, especificamente, em uma convenção, que representam os riscos a que a organização está sujeita ou os imprevistos decorrentes do cotidiano.

Na verdade, a maior falha em uma convenção é não ter conseguido "prever" o imprevisto. Embora pareça contraditório, pois o termo "imprevisto" significa justamente o que não foi previsto, é característica de bons profissionais este tipo de atitude: tecer cenários negativos e reservar soluções alternativas para lidar com eles. Para se assegurar de que tudo funcionará, a organização sempre prevê ou antecipa possíveis falhas. O que ocorre é que um evento é como televisão ao vivo: você faz uma única vez, não dá para recomeçar, não existe *replay*.

Entrega de produtos e serviços pelo fornecedor, por exemplo. Já houve casos em que o fornecedor não entregou o brinde que seria o presente ao convencional. A solução foi enviar posteriormente, mas sem dúvida é um paliativo, pois a ação já perdeu o impacto pretendido.

Para garantir o sucesso do evento, é imprescindível ter uma estrutura de prestação de serviços muito boa. Deve-se estar bem assessorado, trabalhando com fornecedores de ponta, que são comprometidos, que estão juntos e preocupados com a entrega do produto final.

O microfone pode falhar ou pode não haver equipamento de *backup*. É preciso que haja equipamento reserva e um técnico que solucione contratempos. O local pode ser formidável, mas não é possível a montagem dos materiais com a devida antecedência. Um bom exemplo é a utilização de espaços clássicos que possuem contratos com orquestras, como a Sala São Paulo; é necessário planejar os momentos de montagem e ensaios para que nada atrase o evento.

É sabido que os dias de evento têm de ter um cronograma de montagens e desmontagens. O bloqueio da agenda deve prever isso, lembrando que o aluguel do espaço não se restringe aos dias do evento. Quanto ao pagamento, geralmente é cobrado o preço "cheio" no dia do evento e um porcentual nos dias de montagem, negociado caso a caso.

É interessante lembrar que as pessoas em convenções são convocadas, mas para isso é necessário que a data seja reservada antecipadamente. Existe uma peça promocional específica para esses casos, que é o *save the date*. Trata-se de um comunicado para o convencional bloquear sua agenda no período determinado para o evento. Posteriormente, será enviado um convite formal, seja ele impresso ou eletrônico. Tal convite é peça fundamental para atrair o interesse do convencional para o evento, ou seja, a criatividade da peça é imprescindível para gerar um apelo de participação.

Nesse convite deverão constar informações básicas da convenção, como tema, data e local, além de um endereço eletrônico no qual ele consultará maiores detalhes sobre o evento, logística e atividades. O convencional contará com um "dicas e lembretes" para facilitar sua viagem e participação.

É fundamental ter uma equipe bem estruturada, estabelecer um organograma compatível com o número de convencionais, antecipar-se aos possíveis problemas e, se algo inimaginável ocorrer, colocar uma dose de sabedoria e bom-senso para resolver tais imprevistos.

O ideal é que cada profissional da organização conduza a equação de um imprevisto ou de uma falha na convenção (ou qualquer outro evento) de tal forma que não transpareça para o público. Equipe devidamente treinada e alinhada tem maiores chances de lidar com esse tipo de ocorrência de maneira acertada. Quem é tarimbado não deixa o público notar nada de errado nem sequer admite que tal solução não estivesse no *script*. O filme *Água para elefantes*, dirigido por Francis Lawrence, mostra uma cena perfeita que retrata a situação anteriormente descrita. Marlena, a atriz principal do circo, durante o espetáculo tem um problema com Rosie (sua elefanta), que se assusta e sai em disparada, causando pânico nela e na plateia. Porém, como uma boa *performer* de circo, ela não é derrubada porque se segura na trave da tenda de entrada do circo e finge que aquele incidente era parte do espetáculo, fazendo uma sequência de movimentos acrobáticos. Talvez por esse motivo seja comum esta afirmativa entre os profissionais da área de eventos: "É preciso ser de circo para trabalhar em eventos". Divirta-se!

Convenções internacionais

Um aspecto interessante a comentar, ainda sobre as convenções, diz respeito aos eventos internacionais. Na verdade, a estrutura é a mesma, ou seja, a inteligência administrativa é da agência organizadora brasileira, mas o que determina o fator de sucesso é a escolha correta dos fornecedores no destino que lhe dá suporte fora do país. Por essa razão, é fundamental a realização de VTs (visitas técnicas), ou seja, conhecer antecipadamente o local/cidade em que se pretende fazer a convenção, trazer todos os fornecedores para que a agência os conheça e tenha um histórico de todos eles e, com isso, saber se possuem capacitação e boas condições de atendimento.

É preciso recrutar bons fornecedores que possam atender suas necessidades. Contratam-se regionalmente som, cenografia, A&B etc. Entretanto, a questão principal está no padrão de qualidade *versus* custo. Por exemplo, nos Estados Unidos o custo é alto, pois os recursos humanos são muito caros. Além do que, há muita fiscalização por parte dos sindicatos. A solução seria levar a mão de obra do Brasil. Já no México, o custo de mão de obra é baixo, mas não atende os quesitos mínimos de qualidade no tocante à tecnologia e operação do evento.

No sentido administrativo, é diferente, pois existem empresas que dão suporte para esse tipo de operação (contratações, pagamentos, vistos etc.). Um problema comum é a questão dos vistos, por isso a importância de definir qual o destino de interesse aliado às facilidades de vistos de entrada. Não há legislação específica para esse caso – a empresa pode dar uma carta para facilitar a emissão de vistos junto ao consulado, mas isso não é garantia absoluta. É prerrogativa do consulado autorizar o visto. Outro fator importante: todos devem sair para o evento segurados, independentemente do destino, pois como os convencionais estão a trabalho, qualquer problema é responsabilidade da empresa que está promovendo a convenção. Por essa razão, é necessário se cercar de todos os cuidados.

O profissional de eventos que organiza tal modalidade de evento deve ter muito cuidado com todos os detalhes, em especial na convenção internacional. Deve ser atencioso, gentil, preocupado, envolvido, dinâmico, proativo. A atenção àqueles pontos passíveis de falhas deve ser redobrada para que não ocorram problemas posteriores.

Um exemplo internacional foi a Convenção da Nissan em Águas Calientes, no México. Tratava-se do lançamento de produtos para 200 convencionais donos de concessionárias no Brasil. Foram com o propósito de conhecer a fábrica e a linha de produção do novo carro popular da Nissan.

Esse roteiro de visita é complementado com uma programação específica consoante com o público participante. Boas-vindas, visita técnica a uma concessionária, passeios, momento cultural etc. Isso tudo faz parte da própria convenção.

Em convenções internacionais, também podem ocorrer imprevistos, e alguns desses problemas poderiam ser destacados, como dificuldade da língua e o dimensionamento inadequado do número de profissionais para administrar a quantidade de convencionais.

AVON É VOCÊ – Convenção de Natal

Agência: Samba Comunicação.

Avon Brasil

Público-alvo: A empresa Avon e suas Gestoras de Setor.
Metas: Sempre vender mais e melhor os produtos da marca.

Conceito:
Importância do Indivíduo perante o coletivo

Muitas em Uma

Ser a companhia que melhor entende e satisfaz as necessidades de produtos, serviços e autorrealização das mulheres no Brasil e, no mundo, é um trabalho feito por *muitas, milhares, milhões de mãos.*

Uma mesma Capacidade

E esta capacidade de reunir tanta gente com um mesmo objetivo, sob uma mesma *marca ou nome*, é algo realmente muito especial, um diferencial que pouquíssimas *empresas ou pessoas* podem se orgulhar de ter.

Um mesmo Talento

Na *Avon*, tudo isso pode ser encontrado em nossas *Gestoras de Setor, mulheres com o talento* necessário para reunir qualidades individuais em um grande grupo que precisa ser incentivado a viver o dia a dia de grandes desafios.

Uma mesma Identidade

Um dia a dia que precisa ser encarado de frente e vencido constantemente por cada GS, sem nunca deixar de lado a *graça, alegria e beleza de viver a vida*. Sem nunca deixar de lado sua *personalidade, sua real identidade.*

Uma mesma Mulher

Na Convenção Avon as Gestoras de Setor vivem momentos inesquecíveis e de extrema alegria ao enxergarem a Avon, e a si mesmas, de um jeito completamente diferente.

Formato:

O desafio de criar um espaço multimídia e diferenciado, em que todos os produtos sejam lançados com grande impacto:

> Um evento de três dias para 700 mulheres: que comandam 1 milhão;
> Em um local aprazível: o Costão do Santinho – SC;
> Comunicação Visual Interativa e com a cara delas;
> Transmissão das noites ao vivo pela internet;
> Peças e elementos comunicacionais: *teaser*, convites, espelhos,
> Painel de assinaturas, *lounge Quick Massage*.
> **Celebridades**: Zeca Camargo, Ana Maria Braga, Serginho Groisman, Jota Quest e Lulu Santos.

Feiras de Negócios

Feira de negócios é um tema muito amplo e que, neste livro, sofrerá um recorte, ou seja, contemplará uma abordagem do ponto de vista do expositor, pois, sem dúvida, é o alvo de interesse do cliente, empresa ou indústria que as agências representam.

Mesmo assim, é saudável tecer um panorama macro sobre o mercado de feiras atual brasileiro. Dados da Ubrafe – União Brasileira dos Promotores de Feiras – publicados em 2010 mostram uma movimentação de 3,5 bilhões, de reais de receitas gerados pelas feiras, em que a maior parte, 1,4 bilhão, é de viagens, hospedagem, alimentação, transportes e compras. O restante é de locação de áreas para exposições e serviços nos pavilhões.

O mercado de feiras

As projeções do setor de feiras de negócios, para 2011, revelam um dos melhores momentos dessa atividade em toda sua história. Se o segmento de promoção comercial revela-se um fiel espelho da economia nacional, esse ano mostra-se muito promissor para os setores produtivos do país.

Alguns números são significativos e constam do Calendário Ubrafe 2011 – *Principais Feiras de Negócios do Brasil*, publicado anualmente pela entidade do setor: 43 mil empresas expositoras, de todos os portes, das quais mais de 7.700 estrangeiras, mostram seus produtos, serviços e tecnologias nas principais feiras de negócios do Brasil. São 176 feiras de negócios confirmadas, cujo montante pode se elevar, considerando os esforços de planejamento de promotores para novas feiras de negócios.

Diversos segmentos econômicos estão envolvidos nesse negócio, tais como científico-tecnológico, industrial e educacional. A expectativa é de 4.650.000 visitantes profissionais, vindos de todos os cantos do Brasil e do mundo, já que são esperados mais de 48 mil compradores estrangeiros de 65 países. Mais uma prova da força que as feiras de negócios têm como ferramenta de mídia presencial. Já locados com muita antecedência, os pavilhões e centros de exposição somarão 3.200.000 m² de área para a realização das 176 grandes feiras de negócios do Brasil, em 2011, sediadas em 24 cidades do país.

"Está claro que o mercado de feiras tende ao crescimento". Essa é a opinião de Ana Paula Dupont, da Reed Exhibitions Alcantara Machado, que, embora aponte um horizonte promissor, alerta sobre a dificuldade, cada vez maior, de exercer um poder de convencimento junto ao expositor sobre a relevância da feira no seu negócio. Ou seja, que a feira o auxiliará no cumprimento das metas de venda estabelecidas pela empresa e que sua marca será favorecida com tal exposição. Isso ocorre porque, atualmente, as empresas possuem verbas cada vez mais reduzidas direcionadas ao marketing, e a feira deve disputar esse espaço em meio à pulverização de outras ações promocionais, certamente. É também por essa razão que a feira deve ter a obrigação de atrair os visitantes prometidos daquele segmento no momento da negociação, embora o cliente também faça todo um trabalho de promoção para que venha um público qualificado do ponto de vista da empresa.

Outra tendência nesse segmento são as junções das grandes empresas promotoras de feira, as quais têm se unido para fortalecimento, e, com isso, observa-se uma redução significativa dos *players*.

Em artigo publicado pela *Viagens S.A.*, o presidente da Reed Exhibitions, Juan Pablo de Veras, destaca que "apesar de ampliarmos nosso portfólio de feiras, não conseguimos a mesma qualidade no receptivo. Os acessos às principais cidades estão estrangulados, algumas regiões não têm capacidade hoteleira, os pavilhões andam lotados e a reclamação que mais ouço dos compradores internacionais é que passaram duas horas na fila do aeroporto. A frustração dos expositores e visitantes é muito alta." Segundo o executivo, por conta desses problemas, São Paulo corre o risco de perder a liderança na América Latina como a capital das viagens corporativas, de eventos e negócios.

Por outro lado, pressupõe-se que tal cenário pode mudar em virtude dos investimentos de infraestrutura que virão em função dos megaeventos esportivos Copa do Mundo 2014 e Olimpíadas 2016. O montante anunciado pelo governo atinge a espetacular cifra de 23 bilhões de reais no total, sendo reservados 5 bilhões para a construção e reforma dos aeroportos brasileiros. Apenas a BR Distribuidora, empresa de distribuição da Petrobras, vai dobrar seus investimentos em logística, até 2015, para acompanhar o crescimento do consumo interno, inclusive nos aeroportos. A área de logística vai receber investimentos de 2,2 bilhões de reais de 2011 a 2015, segundo seu presidente.

Assim, ainda há razões suficientes para acreditar nesse mercado, e as feiras de negócios são reconhecidas como uma das formas mais eficientes de promoção comercial. Porém, é preciso deixar claro que a obtenção de bons resultados exige uma cuidadosa preparação, planejamento e entendimento do negócio. Vale um olhar cuidadoso para as definições e classificações a seguir.

Concepção e classificação

Objetivamente, feira é uma exibição pública com o objetivo de venda direta ou indireta, constituída de vários estandes montados em espaços especiais, em que se colocam produtos e serviços (Matias, 2010).

As feiras também são definidas como espaços privilegiados criados para exposição de produtos e serviços a ser comercializados, nos quais se reúnem, verdadeiramente, interessados em comprar e vender. O planejamento criterioso de uma feira, tanto do ponto de vista do organizador, quanto do expositor e do visitante, gera uma relação otimizada de custo/benefício, dificilmente encontrada em qualquer outro tipo de evento (Senac, s.d).

Há distintas formas de classificar as feiras,[3] mas aqui será adotada a de Buendia (1991), que delimita feiras comerciais, feiras industriais e feiras promocionais.

As feiras comerciais são aquelas que têm como objetivo principal promover e vender. Nesses eventos, os expositores fabricantes ou distribuidores de produtos acabados mostram suas ofertas aos compradores e ao público em geral.

As feiras industriais são eventos em que são exibidos bens e serviços para a indústria de transformação. Nelas participam diversos provedores da indústria, e a comercialização dos seus produtos não é realizada para o público em geral.

As feiras promocionais são eventos dirigidos a um grupo específico ou profissional, nos quais são expostos serviços, equipamentos ou materiais relacionados diretamente à profissão do grupo.

---

[3] A classificação de feiras é feita pela Ubrafe (feiras de negócios, feiras gerais, feiras especializadas, feiras de consumo), Sebrae (feiras técnicas, setoriais ou especializadas/feiras gerais) e Juan Manuel Buendia (feiras comerciais, feiras industriais, feiras promocionais) em seu livro sobre o tema.

Ao considerar os agentes envolvidos, tem-se que os *players* de uma feira de negócios são os *promotores*, que são as pessoas ou entidades que comandam o evento, por terem idealizado, planejado ou executado toda a sua estrutura, arcando com o risco financeiro do evento; os *organizadores*, que são as empresas encarregadas de todo o planejamento e administração da feira em todas as suas fases,[4] os *expositores*, que são as indústrias e/ou empresas dos produtos expostos; e *as agências promocionais*, que representam seus clientes cooperando em todos os aspectos para que os objetivos e interesses da empresa sejam atendidos.

A participação em feiras de negócios depende, de um lado, da capacidade de investir e, de outro, da disponibilidade de tempo para se preparar. E esse entendimento é o ponto de partida para o desenvolvimento de um trabalho de qualidade.

As feiras apresentam dois diferentes ângulos de planejamento e organização: o do *promotor/organizador* e o do *expositor/agências promocionais*. O primeiro time assume para si toda a responsabilidade do evento como um todo, ou seja, é aquele que desenha o produto, define seus públicos e parceiros, coloca-o no mercado e viabiliza sua realização sob todos os aspectos. Em contrapartida, o expositor, juntamente com sua agência promocional, assume papel essencial na existência das feiras de negócios, pois, enquanto empresas industriais, atacadistas e distribuidoras ou similares, locam espaços qualificados para implantar suas estratégias mercadológicas.

Por que participar?

A principal vantagem de participar de feiras é a perspectiva de bons resultados acalentada por algumas condições favoráveis para a geração de negócios. Alguns argumentos positivos podem ser destacados: a exposição permite o teste do produto ao vivo; o *feedback* é imediato, o que permite estudar e analisar a reação do consumidor aos produtos expostos; serve de abertura de mercado em curto prazo; a aglutinação do público-alvo otimiza os esforços desenvolvidos e os investimentos feitos; é ambiente propício e descontraído para vendas, uma vez que o comprador potencial está fora de seu ambiente normal de

---

[4] Em geral, a figura dos promotores e organizadores se funde, sendo divulgada apenas uma das nomenclaturas.

trabalho e, consequentemente, mais aberto a novas informações; novos canais de distribuição e/ou representantes são descobertos, além de reforçar os atuais distribuidores; o encontro com a concorrência na feira permite comparar dados sobre o produto, comportamento de mercado, técnicas, táticas de vendas, preços e, finalmente, a presença de fabricantes e compradores em um mesmo espaço proporciona uma fértil troca de ideias e experiências e estreita os laços de relacionamento.

Daniela Khauaja (2011), especialista em marketing pela Western International University, de Londres, e coordenadora da área de marketing de pós-graduação da ESPM – Escola Superior de Propaganda e Marketing, confirma os benefícios gerados às empresas que participam de feiras de negócios e destaca as de pequeno porte e a salutar relação com seus clientes.

> *A participação em feiras de negócios, nacionais e internacionais, é muito recomendável para pequenas empresas. Em primeiro lugar, é uma fonte de informações do mercado. Em uma feira do setor de atuação da sua empresa, o empreendedor tem acesso a tendências do seu mercado, novas tecnologias, inovações em produtos e processos. Pode ser uma grande fonte de ideias. Além disso, costuma ser muito bom para networking. Conhecer seus concorrentes e fornecedores potenciais, que podem ser futuros parceiros de negócios. Mesmo em uma feira de um setor que não seja o seu, é possível encontrar esses parceiros. As empresas têm investido em marketing de coalizão, que é a união de empresas de diferentes setores para a gestão de relacionamento com clientes.*

Por outro lado, as feiras de negócios também são passíveis de algumas desvantagens para as empresas que desejam participar. Pode haver o risco possível de comprometimento da imagem da empresa, fruto da falta de assertividade na escolha do evento ou falta de planejamento e coordenação centralizada. O resultado desastroso adviria de estandes mal dimensionados, falta de mercadorias no local, ligações de força e luz incompletas, falta de material de divulgação, carência de pessoal qualificado e capacitado para o atendimento etc.

Em feiras, assim como em qualquer evento, não existe muita margem para improvisos, muito menos para amadorismos. Por essa razão, ao decidir sobre o direcionamento de verbas para um evento, especificamente feiras de negócios, as empresas costumam analisar diversos fatores. É necessário um mapeamento de informações que auxiliem o expositor a obter dados a respeito de sua própria empresa ou produto, bem como do mercado-alvo.

Nesse sentido, é essencial analisar os cenários internos e externos, ter os objetivos da empresa bem delineados e contar com uma equipe de profissionais especializados para atender a demanda que a feira resultará.

O cenário externo diz respeito ao mercado em geral, dados estatísticos, aos concorrentes, aos clientes, à legislação do setor, tendências de consumo, entre outros.

O expositor, portanto, deve se municiar de dados a fim de estabelecer um cenário comparativo entre possíveis vantagens e desvantagens da participação em relação aos objetivos traçados. Conhecer o calendário de feiras, o perfil dos eventos, dados de edições anteriores, preços de produtos e serviços necessários à promoção e exposição e perfil de visitantes são alguns dos dados importantes para embasar a tomada de decisão. Visitar as feiras com um olhar tanto de visitante como de expositor, bem como analisar experiências de outras empresas, estudar *cases*, participar de treinamentos, fazer viagens de prospecção, sempre mantendo o foco alinhado aos objetivos globais da empresa, são, também, elementos que reunidos desenham um cenário externo que propicia dados para o julgamento e decisão.

Igualmente, precisa ser considerado o cenário interno, que diz respeito à motivação, engajamento de equipes, retroalimentação, entre outros fatores humanos e técnicos que influenciam nos processos de decisão para a participação em feiras.

Essa análise efetivamente trará respostas acerca de alguns pontos fundamentais: Qual é a cobertura de mercado dessa feira? Qual a periodicidade da feira? A feira já é consolidada? Que tipo de produtos pode ser exposto? Quem são os promotores e os organizadores? Qual a sua reputação? O evento atraiu compradores de outros países no ano anterior? Quantas pessoas visitaram a feira na última edição? Quantas empresas de produtos similares ao seu se apresentaram? Qual o preço do espaço físico e quais serviços estão incluídos? Qual o custo de outros serviços acoplados à feira, como estandes, decoração, impostos? Qual o custo de contratar equipe local? Qual a data limite para a reserva de espaço e remessa de produtos? etc.

Essas informações, aliadas aos objetivos e necessidades da empresa, oferecem os subsídios iniciais para a escolha de qual feira participar. A oferta de eventos comerciais é muito grande, e a relação custo/benefício é fator preponderante na escolha do evento mais adequado.[5] As entidades e as agências promotoras podem orientar aqueles com peso comercial para seus associados e clientes. A assertividade na escolha do evento está na comparação que o empresário deve fazer entre as vantagens de participação e os resultados comerciais projetados.

Objetivos, um norte para a ação

O próximo passo é definir o objetivo da participação da feira escolhida. O motivo principal será sempre a comercialização dos produtos expostos, mesmo que isso não represente venda direta fechada durante o evento (compradores potenciais poderão ser contatados posteriormente). Porém, não se limita a isso, ou seja, é preciso ter bem claro o que se pretende. Significa a afirmação de resultados desejados, os quais são definidos antes do início do processo. Exercitar a filosofia da empresa com coerência, ou seja, sua forma de pensar, no que se acredita e espelha no tocante ao seu público interno e externo é básico. Em outras palavras, objetivos bem definidos expressam resultados quantificados, fixam prazos, indicam aspectos qualitativos, são compatíveis com a filosofia da empresa, bem como dispõem de recursos (produção/distribuição) para a demanda provável gerada pela feira.

Cada empresa tem seus objetivos específicos de acordo com seus produtos repletos de atributos e, talvez, algumas lacunas a ser supridas. Por exemplo, a Dupont, ao participar de feiras, tinha como objetivo dar visibilidade à marca, expor seus produtos e dizer ao mercado o que sua matéria-prima era capaz de fazer e atender. Divulgava seus derivados e aplicações no intuito de expandir o negócio. Segundo Ana Paula, atualmente *show manager* da Reed Exhibitions, a participação em feiras auxiliava, nesse sentido, na divulgação e esclarecimento sobre o produto, em especial considerando que dez anos atrás a tecnologia não era tão intensa e a feira tinha esse papel importantíssimo de transmitir as inovações dentro do segmento em questão.

---

[5] A Ubrafe – União Brasileira dos Promotores de Feiras publica, anualmente, calendário de feiras distribuído gratuitamente, bem como possui um site atualizado das mesmas. Disponível em: <www.ubrafe.com.br>.

A partir desses objetivos estabelecidos, há uma posição concreta sobre qual natureza de feira participar: comercial (público geral), industrial (revendedores) ou promocional (públicos específicos/profissionais).

Outra questão a ser analisada é o potencial de participação da empresa, ou seja, previsão de recursos econômico-financeiros, físicos e humanos. Consiste na identificação da estrutura interna para participação, que se traduz também na estratégia mercadológica da empresa.

Tal estratégia mercadológica é determinada pelas questões: *o que vender, onde vender* e *como vender*. Primeiro, *o que vender*, em que se escolhem quais produtos serão levados à feira. Cada produto atinge uma fatia de mercado e, para ter sucesso de venda, terá de ir ao encontro das necessidades do comprador; possuir um padrão de qualidade superior aos produtos concorrentes; ter preços competitivos; possuir lucratividade e dispor de capacidade para atender a demanda.

Onde vender diz respeito à escolha dos mercados. O mercado deverá ser sempre avaliado em função do grau de demanda de tecnologia; hábitos do consumidor; proximidade e distância; problemas de transporte; barreiras tarifárias; língua; canais de comercialização e expectativa de maturidade do investimento.

Por fim, *como vender* considera como selecionar e fixar a melhor forma de venda, baseada no produto, suas características, qualidade, disponibilidade; bem como canais de distribuição, sua eficiência e custos, programa de vendas (força de venda, contratação de agentes, representantes, intermediários), competitividade (preços, política de crédito, descontos).

O processo de decisão, como é possível observar, não é tão simples e, quanto mais criterioso for, haverá menos chance de erro. Assim, para tornar a relação custo/benefício mais segura, o expositor deverá estar atento também para outros fatores. É um mercado importante ou potencialmente importante para os produtos da empresa? O produto da empresa é destinado ao público da feira? Os produtos a expor atendem às exigências do mercado? O interesse é vender ou demonstrar? Há capacidade produtiva suficiente (para fazer frente à demanda, se exigido fornecimento contínuo)? O preço do produto é adequado? Quais seriam os possíveis problemas nesse mercado? Essa será a melhor forma para a empresa participar desse mercado? Se a empresa participar, os resultados serão compensadores? Até que ponto a empresa estará preparada e disposta a investir tempo e dinheiro no desenvolvimento do mercado, após a feira?

Observados todos esses quesitos, está instalada uma base segura para construir o orçamento de participação. O orçamento consiste no levantamento de todos os custos de equipamentos, materiais, serviços e pessoal necessários à participação. Basicamente, poderá ser dividido em: locação de espaço, custos de estande, custos com pessoal, material de exposição e propaganda, atividades de promoção, taxas municipais etc.

É conveniente destacar que o mercado é muito competitivo e, por vezes, tem-se uma única oportunidade de transmitir uma primeira boa impressão. Ações pífias geram resultados pífios. Não coloque em risco a imagem de sua empresa. Se a capacidade de investir não atende às necessidades do planejamento financeiro, certamente os objetivos e metas deverão ser reavaliados, pois nas feiras de negócios as empresas ficam efetivamente expostas. Talvez não seja essa a ação promocional mais adequada.

Planejamento e organização

O planejamento e a organização iniciam no momento em que a empresa, de fato, decide participar e aprova a estimativa de custos. A primeira providência fundamental, para tal participação, é a escolha e reserva da área para a exposição, que garantirá a presença da empresa na feira.

É conveniente destacar que na feira o expositor tem duas responsabilidades básicas: expor os seus produtos e atender os visitantes no estande, segundo as normas e orientações da organização oficial da feira, que usualmente oferece um manual do expositor sobre o bom funcionamento da feira como um todo. Dessa forma, para que tudo ocorra de forma satisfatória, é necessário considerar diversos itens:

Projeto do *stand*

São acionadas montadoras para que desenvolvam um projeto de estande, apresentando o layout completo da estrutura e decoração de forma eficiente e segura, juntamente com os respectivos custos de criação e execução.

Em geral, os projetos de estande caracterizam-se por uma *montagem básica*, o que significa dizer que a estrutura e medidas são iguais para todas as empresas participantes dessa feira, ou **estande projetado**, que considera de fato um projeto especialmente desenvolvido para a empresa e a feira em questão. Existe uma prática no Brasil, que não é regular na América Latina ou mesmo nos Estados Unidos, de utilizar, se não mesmo abusar, desses projetos especiais, o que sem dúvida encarece a participação dos interessados.

As montadoras recebem um *briefing*, com objetivo de montar e desenvolver os interesses conceituais da empresa naquele momento e de infraestrutura. Nele devem constar as seguintes informações: área comprada pelo expositor (se é uma ilha, ponta de ilha, uma esquina ou outros); tipos e quantidade de produtos a ser expostos; necessidades do estande, como salas fechadas para reuniões, recepção aberta ou fechada, copa e cozinha, depósito para guarda de materiais promocionais, folhetos, brindes etc.; instalações de equipamentos, como computadores, telões e outros; uso de paisagismo etc.

Ao confirmar essa operação com as empresas encarregadas da montagem, é recomendável que sejam pontuados com rigor os prazos. São usuais problemas referentes de atrasos na montagem, o que pode interferir negativamente na imagem da empresa, uma vez que a inauguração é um ponto alto de visibilidade e impacto ao público-alvo, imprensa e autoridades.

Esse estande deve também ter vida, ou seja, se a feira é uma ferramenta de comunicação, a participação da empresa não deve ser algo mecânico. Quanto mais ativa a participação, melhor. A empresa pode optar pelo uso de alguns recursos e incrementos que certamente aumentarão a sua visibilidade no evento. Dessa forma, é recomendável caprichar nesse estande: ter um visual impactante, oferecer A&B, promover um *happy hour*, uma palestra interessante, distribuição de brindes, enfim ações que chamem a atenção e aproximem o seu público-alvo.

Os produtos

Em princípio, há a definição e escolha dos produtos a ser expostos, ressaltando que nem todos os produtos que a empresa possui estarão exibidos na feira. Nada impede que estejam no catálogo a ser divulgado.

É dispensável dizer que os responsáveis por essa operação devem conhecer o marketing dos produtos, técnicas de promoção, publicidade e relações públicas. Se for um coordenador terceirizado, deve, então, inteirar-se das características técnicas dos produtos a ser expostos.

Quanto à disposição dos produtos no estande é razoável que estejam à vista, ou seja, facilitar o acesso ao potencial comprador proporcionando um bom impacto visual. Não se deve, por exemplo, usar vitrines fechadas, pois a venda é muito maior se o potencial cliente tocar o produto. É recomendável reservar espaço para dispor melhor os displays e peças de comunicação. Além disso, a iluminação adequada e música ambiente fazem toda a diferença.

Outro ponto importante é a reposição de produtos. No caso de ser feira de vendas, há horários específicos em que os produtos podem ser transportados e, quando há arrecadações em valores monetários, a segurança é imprescindível. Aliás, a própria segurança dos produtos, desde o transporte, o seguro de obras e maquinários, até a contratação de equipe de segurança, responsável em tempo integral e todos os dias da feira, é uma providência importante a ser tomada.

Além da forma de apresentação dos produtos, há também detalhes, como os cuidados com a limpeza, conservação e manutenção dos produtos. Por exemplo, nas feiras de montadoras de automóveis, em que os carros custam uma fortuna, são contratadas equipes para limpeza dos carros em exposição durante todo o período de funcionamento da feira; há manobristas especializados que dirigem tais veículos; ou mesmo empresas especializadas para projetos de exposição de produtos, como iluminação, entre outros. No Salão do Automóvel, a Ferrari exposta tem um profissional projetista *expert* em iluminação que está ali todo o período da feira para cuidar desse quesito.

Público-alvo

A feira como um todo já possui seu perfil de público-alvo, previamente estabelecido e que, obviamente, foi considerado no momento da análise de participação da feira. O expositor, entretanto, pode determinar os segmentos que mais lhe interessam, sempre em função dos seus objetivos de participação.

É conveniente lembrar que os expositores, no caso as empresas mais significativas do setor, constituem o público-alvo do ponto de vista do promotor da feira. Sem dúvida, é de interesse do promotor a adesão, em princípio, de grandes empresas do segmento, denominadas âncoras, uma vez que tais marcas propulsionam o negócio e o restante da comercialização e estruturação da feira.

Poderão ser atingidos: compradores em todos os níveis; usuários e consumidores finais; agentes, representantes, importadores, distribuidores, atacadistas e varejistas; profissionais técnicos ligados a centrais de compras; superintendentes ou engenheiros responsáveis por compras industriais de grandes empresas; potenciais investidores; representantes de associações de classe, sindicatos, câmaras de comércio, associações de importadores, federações e jornalistas especializados.

O levantamento de nomes e endereços desses potenciais visitantes constituirá o *mailing list* para divulgação da participação da empresa no evento. Diversas ações de relacionamento e marketing podem ser previstas junto aos públicos.

A feira é uma ótima oportunidade para encontrar clientes atuais e potenciais. Eles podem ser convidados pela empresa ou o encontro pode ser casual. Mas em ambos os casos, aproveita-se para estreitar o relacionamento. Convidá-los simplesmente para visitar o estande ou para participar de uma conferência ou seminário costuma ser muito simpático, especialmente se o tema a ser discutido no evento for de interesse desse cliente. Ele ficará grato pelo simples convite e estará mais aberto para ouvi-lo durante ou após o evento.

Serviços

A melhor forma de obter sucesso na participação de uma feira é buscar profissionais especializados no assunto. A agência de Marketing Promocional possui total competência de oferecer os serviços necessários para o êxito dessa ação.

Dessa forma, uma vez contratada a agência, será disponibilizado um produtor *master* que terá a função de contratar todos os serviços pertinentes da feira, desde a montadora até os demais prestadores de serviços: segurança, limpeza, garçons e manutenção.

Um projeto bem-sucedido deve ter um planejamento elaborado com muita antecedência, por isso as empresas que têm por hábito usar as feiras como canal de comunicação se antecipam na contratação de espaços por longos períodos.

O visitante deve ser cercado de cuidados, mas sem exageros. O atendimento da recepção está diretamente ligado ao layout do estande e ao tipo de produto exposto. Se for um estande fechado, a recepcionista pode proceder à abordagem, convidando-o a entrar. Em um estande aberto, os visitantes serão atraídos por estímulos racionais (produtos) ou emocionais (visual, atividades especiais etc.). Nesse caso, caberá à recepcionista saudá-lo já no interior do estande, colocando-se à disposição para esclarecimentos ou encaminhando-o a vendedores ou diretores da empresa.

É interessante lembrar o treinamento dos prestadores de serviços, em especial das recepcionistas, que deverão ter um conhecimento mínimo dos produtos para poder conduzir adequadamente o público, bem como lidar com situações adversas.

Estratégia de comunicação

Planejar a divulgação da empresa e, consequentemente, dos produtos a ser expostos perante o evento feira de negócios é uma tarefa importante para garantir o sucesso da participação. A ideia é anunciar previamente que a empresa estará na feira X e convidar os visitantes potenciais a comparecer, divulgando inclusive a programação do evento.

Há inúmeras formas: mala direta, catálogo promocional da empresa, e-mail marketing, folheto ou brochura sobre a feira; se for internacional, com dados e facilidades para o turista; eventualmente, convites para abertura da feira, lançamento de produtos, atividades paralelas etc.

A inserção de anúncios em jornais, revistas e outros meios dirigidos ao seu público-alvo é outra possibilidade. Em alguns casos, em que o produto exibido justifique, o ideal é a contratação de uma assessoria de imprensa.

Essas atitudes contribuem para atrair o visitante ao estande e para mantê-lo; além disso, para que ele também saia satisfeito, é importante dispor de numerosos recursos, como material gráfico, brindes, promoções etc. Até mesmo eventos paralelos ou especiais são bem-vindos. Um estande bem concebido e de bom tamanho oferece a oportunidade de espaços isolados, nos quais podem ser exibidos filmes promocionais e realizadas reuniões técnicas e outras atividades. No interior do estande também podem acontecer shows musicais, performáticos, de mágica, além de coquetéis, jogos, concurso, sorteios, desfiles etc.

Transporte e acesso à feira

Alguns espaços de eventos, especialmente aqueles construídos especificamente para a realização de feiras, são bem estruturados para receber mercadorias e equipamentos, possuem estacionamento e acessos adequados e fáceis. Entretanto, na maioria, a realidade é outra, e poderá haver todo tipo de adversidade. Assim, são imprescindíveis os cuidados com embalagem, identificação, marcação e destino das mercadorias.

O seguro dos produtos e equipamentos também é ponto relevante e, atualmente, existem diversas empresas especializadas em seguros para eventos. Todo cuidado é pouco, pois, além do trajeto, haverá a montagem e depois o uso pelo público. Fatores, esses, passíveis de riscos.

No caso de exposições internacionais, o transporte de produtos caracteriza-se como uma importação/exportação e faz-se necessário um despachante aduaneiro. É preciso que sejam observados os prazos de início e término da feira, montagem e desmontagem, inauguração etc. A negligência desse item pode incorrer em multa por parte da organização; deve-se estar atento.

Quanto à inauguração, normalmente é um momento importante da feira, pois estarão presentes autoridades, imprensa e todo o *trade* relativo àquele setor. Consiste em uma oportunidade que não pode ser perdida, e o estande da empresa não só deve estar impecável, como também preparado em termos profissionais para recepcionar a todos.

As credenciais, em geral, são fornecidas com muita antecedência pela organização do evento e fazem parte dos critérios estabelecidos no manual do expositor e previamente conhecidos já no momento da inscrição. Aliás, esse instrumento é organizado pelo promotor da feira com três a quatro meses de antecedência do lançamento da feira e, normalmente, é disponibilizado ao cliente no site da feira.

Legislação e regulamentos da exposição

Por motivos de segurança ou razões técnicas e legais, em toda feira é estabelecido um regulamento próprio. Diz respeito a algumas taxas e autorizações que são necessárias para o funcionamento do estande. Seriam prescrições de direito trabalhista, construção civil, prescrições policiais, bombeiros, prescrições técnicas sobre instalações; do direito de propriedade, do direito dos seguros, do direito de competição, prescrições aduaneiras, pagamento de taxa à prefeitura, uso de material de publicidade etc.

Avaliação

Para o expositor, a avaliação será obtida a partir de resultados concretos, como negócios realizados; número de visitantes e/ou compradores recebidos; possibilidade de cada negócio encaminhado ou concretizado para o futuro; expectativa de vendas futuras; possibilidades para promoção nacional do comércio exterior brasileiro; análise positiva custo/benefício (custo por visitante × custo total investido, para comparação do custo com outras promoções realizadas pela empresa, não derivadas da participação de feiras), entre outros.

Eventos Proprietários

Origens, características e concepção

Alguns fatos ou versões podem ser atribuídos às reais origens dos eventos proprietários. Essa contemporânea e charmosa nomenclatura, evidentemente, não era assim conhecida no período de suas edições iniciais.

A primeira versão que demonstraria a origem dos eventos proprietários veio em função da legislação proibitiva, cada vez mais intensa sobre a indústria tabagista, impedindo, inicialmente, a propaganda de cigarros na TV e em *outdoors*.[6] Uma solução para "driblar" tal lei foi apresentada pelos profissionais de Marketing Promocional, por meio da criação de eventos exclusivos, que pudessem exibir as marcas de seu produto no título do evento. Essa incorporação, de inevitável citação e exposição na mídia, foi muito aplaudida pelo público – consumidor ou não de cigarros – em eventos como o Hollywood Rock, Carlton Dance e Free Jazz Festival.

São marcas que fizeram história e, sem dúvida, puderam pavimentar um caminho importante para outros empreendedores no tocante aos eventos proprietários. Atualmente, os segmentos de tecnologia de ponta e bebidas são os que mais se destacam dentro dessa categoria de eventos, como veremos mais adiante.

---

[6] Lei n. 9.294, de 15/7/1996, dispõe sobre a restrição da propaganda em TV, rádio, jornais, revistas, *outdoors* e *merchandising* sobre o tabaco. Posteriormente, a Lei n. 10.167 de 27/12/2000 alterou dispositivos dessa citada lei e deu maior abrangência às medidas antitabagistas na restrição da propaganda em TV, rádio, jornais, revistas, *outdoor* e *merchandising*, limitando-a aos pontos internos de venda e, em relação ao esporte, com prazo de dois anos para encerrar projetos de patrocínios esportivos.

Evento proprietário é uma ferramenta de marketing desenvolvida pelas agências de Marketing Promocional e seus clientes para promover marcas e produtos. São verdadeiras experiências dirigidas aos seus consumidores, ou melhor, utilizam fortemente o conceito e técnica do chamado *marketing de experiência* e sua aplicação.

O marketing de experiência

Trata-se de um tipo de marketing no qual o cliente é convidado a viver uma experiência positiva em contato com o produto, os serviços, o ambiente e, principalmente, as pessoas, pois o conceito está relacionado com sensações humanas. É um conceito relativamente novo no Brasil, tendo sido muito utilizado em países como a Inglaterra, os Estados Unidos, França, Bélgica, Portugal, Alemanha, Japão, Austrália, entre outros.

Schmitt, tido como o criador do conceito de marketing experimental ou marketing de experiência, aponta para uma abordagem inteiramente nova do marketing – e até mesmo para uma nova forma de fazer negócios. A supremacia das marcas, a ubiquidade da tecnologia da informação, das comunicações integradas e do entretenimento seriam as responsáveis por tal fenômeno (Schmitt, 2002).

O autor defende que esse desenvolvimento tecnológico acelerado permite que informações sejam enviadas por qualquer meio (texto, voz, imagem etc.) e recebidas, praticamente, por qualquer pessoa – real ou virtual – em qualquer lugar do mundo. "Isso vai permitir que, a qualquer momento, pessoas e empresas possam se conectar e compartilhar um universo experimental" (Schmitt, 2002, p. 19). E isso já é uma realidade.

O marketing experimental é encontrado em toda parte. Em uma grande variedade de mercados e empresas (de consumo, de serviços e de tecnologia), diversas organizações voltaram-se para as técnicas do marketing experimental para desenvolver novos produtos, comunicar-se com os clientes, melhorar as relações de vendas, escolher parceiros comerciais, planejar ambientes de varejo e desenvolver websites. "Essa transformação não está dando sinais de diminuir de ritmo. Cada vez mais, os profissionais de marketing estão se afastando do marketing tradicional de características e benefício, criando experiências para os clientes" (Schmitt, 2002, p. 11).

O foco do marketing experimental são justamente as experiências do consumidor. As experiências são definidas como o "resultado do encontro e da vivência de situações" (Schmitt, 2002, p. 41), estímulos criados para os sentidos, para os sentimentos e para a mente. Ele afirma que as experiências também ligam a empresa e a marca com o consumidor e seu estilo de vida, fazendo com que "as atitudes e a ocasião da compra, por parte do consumidor, componham um contexto social mais amplo". Quanto aos métodos e ferramentas utilizados no marketing experimental, Schmitt esclarece que são diversos e multifacetados. Ele afirma que o marketing de experiência é eclético, não tem uma metodologia preestabelecida. Simplesmente usa o que parece adequado para conseguir ideias boas. Sabe explorar tudo muito bem.

O marketing de experiência pode ser aplicado nos eventos, nas campanhas e viagens de incentivo, nos presentes customizados, nas premiações na publicidade. Seu uso pode ser muito vantajoso para as organizações, pois, de acordo com Jorge Nahas, ele viabiliza o contato qualificado entre as pessoas; estimula sensações humanas; fortalece laços que vão para além de "laços comerciais"; gera alto valor e diferenciação ao produto ou serviço e torna a marca mais competitiva; possibilita atingir o público-alvo de forma eficiente; gera a notoriedade da marca; facilita a fidelização do cliente; ganha força com ferramentas virtuais; supre desejos e necessidades.

Nessa linha, podemos dizer que, de acordo com as ações das empresas efetivamente realizadas, suas marcas poderão ser associadas com simpatia e admiração. Essa questão é bem clara quando observamos um evento de sucesso com múltiplas experiências agradáveis, como a música de seu ídolo, um espaço aprazível para estar, dançar, se relacionar etc. O público poderá ter preferência pela empresa patrocinadora no momento de sua compra, mesmo que isso ocorra semanas depois no ponto de venda. É o que se espera, ao menos. Nada mais são que boas impressões registradas em seu subconsciente.

As possibilidades são amplas e podem ser exploradas considerando distintos canais. Veja o que afirma o autor Schmitt sobre o marketing dos sentidos:

> *O marketing dos sentidos faz um apelo aos sentidos com o objetivo de criar experiências sensoriais por meio da visão, do som, do tato, do paladar e do olfato. O marketing dos sentimentos faz apelo aos sentimentos*

e emoções pessoais do consumidor, com o objetivo de criar experiências afetivas que variam do humor medianamente positivo em relação a uma marca (...) até emoções fortes de alegria e orgulho. O marketing do pensamento faz apelo ao intelecto, com o objetivo de criar experiências cognitivas, de resolver problemas que engajem os consumidores de forma criativa. O marketing de ação tenciona afetar as experiências, o estilo de vida e os inter-relacionamentos. O marketing de identificação procura atingir sentimentos individuais, pessoais, privativos, aumentando as "experiências pessoais", relacionando o indivíduo e seu self com outras pessoas ou culturas. (Schmitt , 2002, p. 78-82)

O evento proprietário tem como premissa utilizar esse arsenal para construir um certame diferenciado e tem sido usado como uma ferramenta que associa não apenas o nome da empresa, a marca, o produto, mas também o seu conceito e sua grandiosidade.

São conhecidas as vantagens comerciais para as empresas que dividem patrocínio em um mesmo evento, como aumento de credibilidade, fortalecimento da imagem e aumento de vendas. Suponha, então, o impacto para organizações que apostam sem receio na exposição de sua marca em eventos próprios.

A título de esclarecimento, é conveniente destacar a diferença entre um evento proprietário e um evento que tem um patrocinador único. Significa dizer que são conceitos diferentes. Em um evento proprietário, o nome do evento é o nome do patrocinador. Já a Copa do Mundo pode ter um patrocinador único, mas nunca será um evento proprietário porque pertence à Federação Internacional de Futebol. A Toyota Cup do Santander é o mesmo caso; a Copa pertence ao Banco Santander, embora possua um único patrocinador, a Toyota. Mas o patrocínio pode ser substituído. Se a marca não estiver atrelada ao conceito do evento, o produto não será mais evento proprietário. O Skol Beats só pode ser feito pela Skol, nunca pela Itaipava. Aí temos na verdade a força da marca pelas edições reincidentes. Não dá para outra marca se apropriar de um evento, porque já se consolidaram o nome e o conceito do evento com o da marca idealizadora, além do produto, evidentemente.

Esse tipo de ação se diferencia do tradicional patrocínio pelo elevado investimento, ou seja, é muito mais alto, mas, em contrapartida, o retorno também. Por essa razão, as empresas não medem esforços para bem executá-lo.

As agências que já participaram desse tipo de evento costumam afirmar que o principal fator para uma marca investir em um evento proprietário é poder entender melhor o seu cliente e atingir de fato o consumidor. A experimentação de uma marca torna-se muito mais intensa quando o consumidor a faz dentro de uma experiência única, e isso somente seria possível por meio desse tipo de ação.

As empresas, normalmente, utilizam os eventos e, particularmente, os eventos proprietários como uma estratégia de marketing para cumprir algumas metas, como fortalecer a marca, melhorar a competitividade junto ao mercado, satisfazer os clientes e proporcionar-lhes essa experiência única anteriormente explicitada.

É amplamente reconhecido pelos profissionais de marketing que a grande força de um evento reside no envolvimento que ele permite. A atmosfera criada, a atenção despertada, a curiosidade, a predisposição mental, tudo pode induzir um envolvimento coletivo apropriado que condiciona positivamente o participante. Assim, no momento que o consumidor comparece a um evento, seu espírito está mais aberto e a favor da empresa organizadora e de seus produtos, aumentando, com isso, a expectativa de compra imediata ou futura dos produtos promovidos.

Ao seguir essa linha de pensamento, o evento representa uma excelente oportunidade para que uma empresa aproxime seus produtos de seu público--alvo, proporcionando a oportunidade de consumi-los durante uma experiência que esteja em sintonia com a imagem do produto e ainda acompanhando o nível de satisfação do consumidor, aproveitando para interagir com ele e entendê-lo melhor.

Além disso, a mídia espontânea gerada com esses eventos é um dos motivos de as incorporações acreditarem nessa alternativa, afirma Tatiana Fernandes, especialista em promoção e gestão de eventos. A repercussão de um evento proprietário gera uma mídia espontânea equivalente ao dobro do total investido.

Os grandes eventos proprietários

É possível observar uma disseminação de eventos proprietários nos últimos anos no Brasil. A tônica básica desses eventos é o empréstimo do nome de uma marca a um festival de música, artes, tecnologia etc. Similar a um *naming right* (negociação dos direitos de nomear um empreendimento) de um evento.

As organizações buscam se destacar e permanecer na mente do consumidor e, para isso, têm recorrido aos eventos proprietários: Prêmio Tim de Música, Vivo Open Air, Coca-Cola Vibezone, Red Bull Air Race, Häagen-Dazs Mix Music, entre tantos outros eventos que levaram e levam em seu nome a marca do seu grande patrocinador.

O maior evento do gênero no Brasil foi o Skol Beats. Lançado em 2000, manteve-se por nove edições – uma por ano – e, em razão de sua força e repercussão, foi capaz de gerar a criação de uma marca de cerveja, subvertendo a lógica desse tipo de evento, no qual uma marca já estabelecida dá origem a um evento.

Fruto desse resultado positivo, inúmeros eventos foram lançados, como o Skol Spirit, Praia Skol, Baile Skol, Skol Rio, Skol Hip Rock, Bloco Skol (carnaval de Salvador) e Roda Skol, uma roda gigante montada na praia de Copacabana, no Rio de Janeiro, onde recebeu mais de 60 mil visitantes em 20 dias de funcionamento.

O Tim Festival foi outro grande evento proprietário brasileiro, que pegou carona na proibição da propaganda de cigarros em 2003 e tomou para si o nome de um dos principais festivais do Brasil, o Free Jazz Festival, realizado pela Dueto Produções desde 1985.

No segundo semestre de 2007, aconteceram cinco eventos de grande porte: o Tim Festival, o Planeta Terra, o Nokia Trends, o Gas Festival e o Motomix.

Os eventos possuíam objetivos semelhantes: atrair *trend-setters*, jovens descolados, das classes A/B, o que os tornava muito parecidos, com *line-ups* variando entre artistas de música eletrônica e *indie rock*. A exceção era o Gas Festival, que atraiu um público adolescente que curtia esportes radicais e *hard-core*.

Em um artigo de 2007 que relacionava eventos proprietários e os negócios relacionados ao universo da música, é explícita a opinião de Luiz Oscar Niemeyer, sócio-diretor da produtora Planmusic, de que os eventos proprietários eram maiores e mais qualificados nos últimos anos por conta dos anunciantes da área de telefonia e tecnologia. "Eles possuem produtos ligados à música que geram receita". Daí a importância de uma boa identidade da marca com as bandas e artistas.

Seria também o caso do Planeta Terra, que iniciou sua trajetória patrocinando shows independentes, como Pearl Jam (2005), Jamiroquai (2006) e Black Eyed Peas (2006). Em 2007, a empresa investiu em um festival próprio, eclético, que reuniu bandas *indie*, como The Rapture, e DJs da eletrônica, como Layo & Bushwacka. Posteriormente, trabalhou com uma variedade de músicas para ser consoante com o seu portal de músicas reunindo diferentes estilos.

A interatividade também deu o tom do projeto da Motorola, o Motomix The Rokr Festival, que ganhou o complemento no nome para promover o aparelho Rokr. Diferentemente do ano anterior, quando a banda Franz Ferdinand foi a atração principal, dessa vez a opção foi por fragmentar as apresentações de DJs de música eletrônica durante uma semana, nas casas noturnas de São Paulo. Segundo a diretora de marketing da Motorola, Loredana Mariotto, o festival teve como foco explorar modelos de arte e de cultura ainda pouco conhecidos do público brasileiro.

A concorrente Nokia também utilizou a estratégia de estar presente nas casas noturnas, ao longo daquele segundo semestre de 2007, para aproximar a plataforma Nokia Trends do público e mantê-la em constante evidência na mídia.

O sorvete Premium Häagen-Dazs apostou também na plataforma de música eletrônica, disposto a atingir seu público-alvo, formado por jovens das classes altas. A marca inaugurou sua entrada na seara do marketing de entretenimento com o Häagen-Dazs Mix Music, que trouxe o DJ Booka Shade, considerado o melhor show ao vivo de música eletrônica do mundo.

Dados precisos e frequentes sobre o investimento reservado para os eventos proprietários são difíceis de obter no mercado. De toda forma, arriscamos dizer que, na última década, ou seja, nos anos 2000, as empresas aumentaram suas verbas nessa estratégica de aproximação do público-alvo levando uma experiência da marca ao consumidor, e o mercado de eventos proprietários ganhou a cada ano mais relevância. Segundo o veículo *Meio & Mensagem* e a Ampro – Associação de Marketing Promocional –, o investimento em publicidade atingiu R$ 27,5 bilhões em 2006, dos quais R$ 2,06 bilhões (7,5%) foram gastos em eventos promocionais. A norte-americana Häagen-Dazs, no Häagen-Dazs Mix Music 2007, aportou R$ 1 milhão, visando subir de 9% para 15% do mercado *premium* de sorvete na época. A Ambev investia 20% do orçamento de marketing da marca de cerveja Skol em eventos proprietários e patrocinados e a mídia que envolvia esses eventos.[7] Quando a empresa promoveu seu primeiro evento proprietário, o festival de música eletrônica Skol Beats, em 2000, a fatia de investimento de eventos era de 8%.

Nem sempre as grandes empresas revelam o volume de seus investimentos nesse campo, mas já é possível notar que é "conversa para gente grande", como se costuma dizer na linguagem habitual.

Outro lado da moeda

Além de todos os exemplos apontados, a abordagem feita até o momento quis propiciar ao leitor o entendimento do que seja evento proprietário, como surgiu, e ilustrar a importância que profissionais do Marketing Promocional lhe atribuem. Entretanto, há outra discussão cabível que extrapola a simples constatação de que eventos proprietários e seus altos investimentos constituem uma saída excepcional para a comunicação e marketing das empresas.

Trata-se de uma reflexão mais aprofundada. O evento proprietário é, com certeza, uma atraente ferramenta de marketing, mas um evento proprietário de sucesso não é sinônimo de um produto de sucesso. O Nokia Trends é um exemplo disso, ou seja, foi um evento proprietário de grande sucesso, mas que foi perdendo força por equívoco estratégico da companhia, e não pelo evento em si. Apesar de as pessoas apreciarem muito o evento, houve um descompasso de seus promotores. Nokia Trends era realmente um evento proprietário, pois a empresa se apropriou do conceito e ditava a tendência. O fato é que o investimento, ou seja, as verbas destinadas a esse projeto minguaram, as estratégias da empresa em relação aos produtos foram ficando confusas e, atualmente, ela perdeu a liderança de mercado. Por essa razão, é seguro afirmar que o sucesso do evento proprietário não é a mesma coisa que o sucesso do produto.

Outra questão importante: Até que ponto o evento induz o consumo e faz com que o indivíduo tenha maior afinidade com a marca? Por exemplo, o Skol Beats era um evento proprietário da Ambev, da marca Skol. Será que as pessoas consumiam Skol Beats fora do evento? É com a marca ou é com o evento que o participante se identifica? Talvez o público tenha uma atração pela música,

---

[7] Essa informação foi extraída de artigo postado na web por Gustavo Viana/GM. Eventos ganham força dentro do marketing, set./2007.

por aquele tipo de evento e de situação, e não uma identificação com o produto no ponto de venda, não uma atração pela marca. O consumidor pedia outra coisa no ponto de venda e, nesse sentido, o evento fica inviável porque não tem o retorno comercial. Se não for dessa forma, não há sustentação. Isso deve ser mais bem avaliado para saber em que medida realizar um evento proprietário significaria real aumento de vendas.

A questão mereceria uma resposta pautada em investigação mais precisa, ou seja, não basta ter um comparativo de relatórios de desempenho de vendas por período, por exemplo, pois há de se considerar que existe uma gama de outras ações relativas a determinado produto que pode dificultar ou mesmo mascarar os resultados.

O valor investido em um Skol Beats era tão alto que deveria ter garantido a sobrevivência do evento. E o evento era fantástico, reunia 44 mil pessoas. Morreu por quê? Provavelmente os participantes não consumiam Skol Beats como se esperava. Saíam de lá e não consumiam o produto. Onde residiu o problema?

Wagner Zaratin, diretor da 360 Figer, é um dos profissionais de comunicação envolvidos na criação do projeto Skol Beats e opina sobre o tema argumentando que o evento proprietário morre porque é muito caro. E porque as coisas mudam. É preciso ser fiel e coerente com o projeto original, mas sempre prevendo inovações e acompanhando vertentes, tendências. No caso do Skol Beats, cada ano tinha uma novidade pertinente e legal. As mudanças têm de ser consideradas.

Há projetos que morrem porque não houve o devido cuidado para repensá-lo, repaginá-lo. O resultado disso é que começa a ficar caro, pois o custo/benefício não vale mais a pena. Outro motivo do término de bons projetos é que o *turn over* nas empresas é grande, e os novos gestores que entram não querem validar projetos de outras pessoas, eles querem criar os seus – conclui Zaratin.

Em síntese, se for para dar amplitude nessa análise, observa-se que o evento proprietário parece não conseguir levar adiante a marca, ou seja, sair dos contornos do próprio evento. O que adianta dispor de quase 50 mil pessoas dentro do Skol Beats se há 20 milhões de pessoas em São Paulo? Como expandir essa vivência para além da arena? Esse é o ponto, a grande dificuldade, o "calcanhar de aquiles". Investe-se uma fortuna para realizar o evento proprietário, e apenas algumas pessoas dentro desse universo são impactadas, ao passo que, se é realizado qualquer outro tipo de ação promocional, a empresa investirá menos e impactará muito mais, com resultados mais visíveis.

Se fizermos um comparativo de investimento entre as ações de comunicação com investimento entre cinco e dez milhões em um evento proprietário, é possível fazer uma campanha promocional que dê retorno financeiro e não apenas institucional. Nesse caso, um comercial na TV solucionaria com mais eficácia o retorno institucional da marca. Essa é uma discussão ainda aberta que deve ser ampliada e carece da opinião de outros especialistas, bem como de pesquisas mais bem fundamentadas.

Ainda nessa linha reflexiva, outro aspecto a considerar sobre os eventos proprietários é que sua estrutura e concepção são associadas às artes, à música, à dança. Possui certa subjetividade, cuja proposta é transferir *glamour*, alegria, valores e conceitos para a marca. Entretanto, existe uma dificuldade nesse processo, que é a aferição de quanto ele, de fato, contribui para a marca e para a elevação das vendas. Os instrumentos de medida desse retorno financeiro não são claros.

É interessante observar que a defesa dos projetos, para que sejam entendidos como uma ferramenta atrativa pelas empresas, sempre esteve baseada em dois patamares de benefícios: a consolidação da marca e a evolução/crescimento das vendas, mesmo que posteriormente.

Porém, atualmente, quando o patrocinador participa de um evento, quer ter um retorno imediato, não apenas a consolidação da marca. Por exemplo, o Bradesco, à época da produção deste livro, patrocinava o Cirque du Soleil. Como o banco se beneficia disso? Ele vende com exclusividade para o cliente dele, tem uma abertura de vendas antecipada do espetáculo somente para os clientes Bradesco e ganha dinheiro com isso, pois as vendas são feitas apenas com o cartão Bradesco. Hoje, o evento tem de gerar negócios concretos e não apenas a consolidação da marca. Talvez seja por isso que os eventos proprietários perderam a força, pois nem sempre são capazes de gerar negócios e ultrapassar os limites de seu próprio acontecimento.

Eventos de sucesso duradouros... nem sempre!

A característica principal do evento proprietário é que ele se apodera de uma plataforma de comunicação se associando a uma marca. Foi feito para que o consumidor se aproximasse dessa marca e vivesse experiências com ela; experiências que ele não terá em nenhum outro tipo de evento. O que não se pode garantir é que eles durem para sempre.

Segundo Ricardo Gertrudes, criativo à frente de diversos projetos dessa natureza, os eventos proprietários, além de constituir um projeto suficientemente bem conceituado, deve possuir o DNA da marca. Significa dizer que o evento proprietário somente terá êxito quando você materializar o DNA da marca. Esse é o grande segredo; conectar o público jovem às tendências mundiais da marca, saber antes, ser o primeiro a conhecer a música, o primeiro a disseminar aquela moda, ideia, para o seu grupo, essas pessoas ávidas por informação.

Ao tratar de estratégias de marketing duradouras e de músculos fortes, o Hollywood Rock pode também se prestar a *case* de sucesso. Entretanto, o evento foi bem até o momento em que trouxe uma atração tão espetacular que superou a própria marca. As pessoas foram assistir ao *show* dos Rolling Stones, e não ao Hollywood Rock. Uma ironia do destino: a atração foi maior que a marca! O evento não conseguiu de fato lograr sua meta de apropriação da marca. Quando isso acontece, perde a força do objetivo principal, que era consolidar a marca e gerar negócios (vendas).

O Camarote da Brahma, o primeiro e mais desejado evento proprietário no Carnaval do País, é outro *case* de sucesso. Caracterizado pelo *glamour* de participar de um espaço exclusivo de visão privilegiada no Carnaval do Rio de Janeiro, consiste em uma festa à parte, com cenografia, *line-up* de shows, traslados e supervisão da qualidade do serviço. Por ele passam cerca de três mil pessoas todos os anos. Os convidados são celebridades que alavancam a visibilidade da marca da cerveja. Entre eles estão atores nacionais e internacionais, modelos, empresários de destaque, atletas de diferentes modalidades de esportes, craques de futebol, autoridades etc.

Nasce um evento proprietário...

O evento Skol Beats é um ótimo *case* de evento proprietário, afinal, como já citado anteriormente, ele surgiu antes mesmo do produto. A cerveja Skol Beats foi criada em função do evento proprietário, e não o contrário. Vale a pena relembrar a trajetória desse produto de sucesso e as ações de comunicação importantes que a precederam, relatadas habilmente por Zaratin, mentor da ideia naquele período.

Em 1998, a Skol, por meio de sua agência de comunicação, começou a investir pesado em marketing, pensando ações para conceituar a marca. Estabeleceu uma linha estratégica junto aos seus regionais, mas de âmbito nacional. O primeiro filme institucional da Skol foi "A alegria do Brasil".

Posteriormente, a partir de pesquisas com consumidores que consideravam a cerveja Skol uma bebida leve e macia, de fácil degustação, chegou-se ao *slogan* "Skol – desce redondo". E até hoje é forte. O passo seguinte foi pensar um projeto que correspondesse às características da marca: optou-se pelo esporte e depois pela música, visando atingir o público jovem.

Assim, no ano seguinte, a Skol patrocinou o Campeonato Brasileiro de Supercross e trouxe o lendário campeão mundial Jeremy Macgrath. Era um jeito irreverente de mostrar e falar da cerveja ao jovem. No mesmo ano, ocorreu o primeiro evento musical da companhia, chamado Skol Rock, reunindo bandas inéditas. Foram dois eventos proprietários que tiveram edições por quase seis anos em oito praças no país.

Com isso, a Skol dispunha de uma linguagem única, com um projeto que é de todos (diferentes regionais escolhidas pela companhia) e tinha tudo a ver com a marca. Foi desenhado para a marca e era um sucesso.

No ano 2000, começou a campanha "2000: o verão mais redondo do planeta" e, na ocasião, foi lançado o Skol Beats, o evento de maior sucesso da marca. Teve sua primeira edição em São Paulo e Curitiba; no ano seguinte, 2001, foi feito em São Paulo, Curitiba e Rio de Janeiro. Entretanto, por orientação estratégica da agência de comunicação, os esforços do evento foram concentrados em uma só praça. A partir de 2002, o evento foi realizado apenas em São Paulo, com mídia nacional convidando as pessoas a viajar e, com êxito, foram mobilizadas para o evento 44 mil pessoas. Em contrapartida, o Skol Rock não se esvaiu e continuou a toda, com mais eventos no interior paulistano e, também, na capital paranaense.

É interessante registrar como se originou a ideia do evento Skol Beats: justamente de uma festa de encerramento do Campeonato Brasileiro de Supercross, quando os jovens divertiam-se embalados ao som de música eletrônica.

Pedro Cruz, diretor de Planejamento da Skol, observou que as famílias haviam se retirado e ficou o público que lhe interessava atingir. Constatou-se que a festa estava melhor que o evento propriamente dito, e daí era preciso uma reformulação. "Vamos fazer um festival de música eletrônica!" Assim, o conceito do Skol Beats começou a ser desenhado: a plataforma de música eletrônica foi pesquisada nos melhores festivais internacionais de sucesso nessa categoria, e o resultado foi a criação do evento Skol Beats.

Com o sucesso Skol Beats, a empresa aproveitou a deixa para inventar uma extensão da linha da cerveja chamada Beats. Isso foi feito com base no que o consumidor desejava para festas de agito. Trouxe mudanças no sabor e no teor alcoólico e uma embalagem *long neck* de 330 ml transparente, mais atrativa.

Após quase uma década, o evento Skol Beats também teve seu momento de declínio, e houve uma tentativa de renovação por meio da apropriação do evento Sensation White Party, que era da ITT, empresa holandesa. Uma festa de sucesso que começou a ser replicada na Europa e, posteriormente, trazida para o Brasil.

É pertinente dizer que, a partir de então, não tivemos mais um evento proprietário, porque, de forma diferenciada, o Skol Sensation não foi desenhado especificamente para a Skol. Era um evento que, apesar da plataforma de música eletrônica, não pertencia à Skol. Daqui a alguns anos, quando o contrato que firmaram for finalizado, o evento sairá de seus domínios.

Evento proprietário tem essa característica: ele será sempre do dono da marca, foi desenhado para a marca e para aquele público específico. Embora possa haver acordos menores de copatrocínio, o grande investimento é de quem o criou.

A história do Nokia Trends é muito ilustrativa nesse sentido. A empresa queria realizar um evento que ela não tinha ideia exatamente que seria um evento proprietário. A Nokia era líder de mercado, uma marca já com reconhecimento pelo público, mas possuía uma questão a ser solucionada: dentro do seu conceito de "*Connecting people*", não conseguia se comunicar com os jovens. Ela desejava uma aproximação e uma forma de falar com a juventude. Daí, o então diretor de criação da agência de Marketing Promocional, que detinha a conta da Nokia, tomou conhecimento de um vídeo de um festival, que na verdade não era bem um festival, mas um encontro musical, na Inglaterra, em uma praia com um DJ, o Fat Boy Slim.

Inicialmente, o hoje famoso DJ apenas "discotecava" em Brighton, uma cidade inglesa. Era o começo do verão na Europa e, nesses dias ensolarados, ele saía, literalmente, na sacada da boate, com seu equipamento e tocava para as pessoas na rua. A casa se chamava Botique e era um *club* no porão. Na primeira vez, lotou a rua e, na segunda, já instalaram um palco. E vieram aproximadamente 40 mil pessoas. Algo realmente espetacular, tratando-se de uma comunicação "boca a boca". O acontecimento foi registrado em vídeo, que virou um *case*, um DVD, o qual, posteriormente, atingiu mais de seis milhões em vendas.

Assim, a agência teve a ideia de realizar algo similar, ou seja, foi buscar nesse *show* a inspiração. Foi pensado um projeto para buscar tendência. Relata Ricardo Gertrudes que a ideia era trazer para o Brasil e, para o jovem brasileiro, o futuro imediato. Fazê-lo compreender que poderia participar dessa "aldeia global" e se relacionar com essa tendência, que a Nokia poderia trazer para ele grandes produtos, tecnologia, voz, dados, comunicação e, também, cultura e entretenimento. Nesse cenário, foi criado o Nokia Trends, que é esse projeto com uma plataforma de arte multimídia.

Foi um projeto mágico, com uma sinergia formidável e uma alquimia, como outros grandes eventos proprietários, como o Free Jazz Festival e o Rock in Rio, que conseguiram ter essa relação ímpar de falar com a alma das pessoas. O projeto cresceu e, dois anos depois de uma apresentação em Dallas, virou a apresentação mundial da marca. Perfeito, criado no Brasil, desenvolvido por brasileiros e empresas deste país, virou uma plataforma mundial para falar com o público jovem e sobre música e tendências.

Foi montada na Praia do Flamengo, no Rio de Janeiro, escolhido por conta da estratégia comercial da Nokia. A estrutura era mega, foi formidável, a expectativa era para um público de 120 mil pessoas, e o evento recebeu 200 mil. O evento foi muito bem planejado, envolveu prefeitura, Corpo de Bombeiros, Polícia Federal (até juiz para a ocorrência de algum flagrante dentro do evento). Havia estrutura de sanitários, ambulatório, área VIP para 1.200 pessoas armada atrás do palco, dispondo de serviços de A & B para todos os convidados.

Foi um único dia de evento em março, em uma praia carioca. Duração das 17 às 23 horas. Iniciou com DJs brasileiros, sendo encerrado pelo Fat Boy Slim. Com esse evento, a Nokia se posicionou como uma empresa de tendências falando com o público jovem. O Nokia Trends passou a constar do calendário de eventos da empresa, que detinha um evento proprietário de sucesso absoluto, sem dúvida. Teve diversas edições, entretanto em um curto espaço de tempo, quer dizer, a empresa fazia mais de um evento ao ano.

Porém, em uma leitura mais focada e restrita sob a ótica dos eventos proprietários, tal proposta não perdurou com a mesma força. Mas onde foi que a Nokia pecou? Provavelmente, errou na estratégia: aproveitou artistas internacionais que viriam para o Brasil e batizou de Nokia Trends. No ano seguinte, fez outro *show* diverso, sem ser fiel à primeira proposta. Mesclou eventos internacionais, ou melhor, apropriou-se de outros eventos internacionais e sofreu transformações, e o resultado foi que a proposta descaracterizou-se, perdeu identidade, não sobreviveu.

CASE Nokia Trends

"....não importa de onde vem a onda: o verão sempre será a nossa praia!"

Agência: Banco de Eventos

Público-alvo: Jovens classe A/B

Objetivos: Essa ação é muito mais do que uma oportunidade de gerar impacto e visibilidade para a marca Nokia. O objetivo era estimular o consumidor por meio da web do *handset*, enfim, explorar todas as possibilidades de negócios. Ações de relacionamento, incentivo, imprensa e RP foram desenvolvidas exclusivamente para o Nokia Trends. E claro, uma super PROMOÇÃO, com sorteio de milhares de prêmios e dez viagens com direito a acompanhante para ver o evento e estar na maior área VIP já construída no país.

Conceito: As areias fervem em 2004! Nokia Trends: um conceito inovador e mutante, responsável por capturar tendências mundiais para o nosso país. Nosso desafio é conectar pessoas por meio de conteúdos musicais e artísticos. Nokia Trends é uma plataforma de marketing baseada na arte, na música, principalmente, na arte multimídia focada no público jovem de espírito de atitude. E nós encontramos essa química, a começar pelo próprio nome, que fala sobre as novas tendências e que aparece aqui como novas formas de interesse e de atenção. Lançar o NT para o *target* e torná-lo referência de diversão e de tecnologia de ponta. Isso é Nokia Trends, um projeto mutante, inovador. Altamente conectado, com a cara e a alma do jovem, porque o mundo não é mais tão grande. *LIFE goes MOBILE!*

Formato

Praia do Flamengo – Rio de Janeiro
7 de março de 2004
Show de música eletrônica comandado pela figura número 1 da cena eletrônica Fat Boy
Slim, com o seu Big Beach Brasil.

Resultados: É um marco, uma festa magnífica. O maior evento de música eletrônica já
concebido no Brasil.

- Planejamento: meio ano de antecedência;
- Montagem: durou uma semana;
- Evento: 4 horas inesquecíveis;
- Pessoal de montagem, logística e segurança: mais de 2 mil pessoas;
- Público: 200 mil pessoas (profissionais de imprensa, celebridades e uma multidão de
  brasileiros).

Ações mix de comunicação

Tudo foi pensado, todas as oportunidades de interação com a marca foram aproveitadas.
Houve uma capilaridade gigantesca: endomarketing, ações promocionais, publicidade.
Por exemplo, foram feitas ativações durante a semana e durante o dia do evento, para
convidar as pessoas, dar convites para a área VIP. Ativações nos celulares da Nokia.

O tema eventos promocionais, por tudo que o leitor pôde conhecer e desfrutar, neste capítulo, demonstra e confirma que é uma fatia muito complexa e pujante dos 360° das comunicações. Apesar das diferentes nuances de cada tipo de evento aqui tratado, é possível confirmar que exige sempre uma ideia bem concebida, um planejamento cuidadoso e equipe profissional competentíssima para bem executá-lo. Possui um brilho próprio por lidar com celebridades e *experts* em diferentes segmentos, tem objetivo focado e beneficia públicos variados, do cliente ao consumidor, perfazendo a agência de Marketing Promocional, os prestadores de serviços, os apoiadores e a audiência de forma geral. A marca de criatividade e excelência tecnológica e humana pauta a maioria dos eventos inovadores que se transformaram em *cases* de sucesso.

Por fim, todas as considerações e os elogios a essa área tão glamourosa são realmente válidos, e a aplicação das diferentes modalidades de eventos, se utilizadas de forma criteriosa e assertiva, se presta a indicar uma tendência de crescimento ascendente no âmbito do Marketing Promocional.

VIII

CONCLUSÃO

Ser um profissional de marketing promocional é estar envolvido com: eventos, campanhas de incentivo, promoções, merchandising, ativações etc. Este livro foi escrito por pessoas desse universo, cujas experiências múltiplas, vivenciadas em suas trajetórias profissionais, materializam algumas contribuições para o marketing promocional por meio de um olhar, que propositadamente chamamos "descomplicado", batizando o título desta edição. Nem por isso menos crítico ou reflexivo.

Alguns pontos abordados no desenvolvimento deste trabalho merecem destaque e, talvez, propicie uma síntese e, convide o leitor a alguns caminhos de reflexão ou propostas de ação direcionadas aos futuros profissionais.

O Marketing Promocional surge para atender alguns interesses da indústria, quando desejavam vender produtos ou serviços e não bastava estar apenas na mídia de comunicação de massa, mas antes de tudo precisava estar muito presente no ponto de venda, carinhosamente chamado PDV.

Tal ação no PDV tem características peculiares e se propõe a venda imediata, atender públicos específicos, lançar produtos, fazer frente à concorrência, reduzir estoques etc. Usa e abusa dos sentidos humanos – visão, olfato, audição, tato, paladar –, pois dessa forma, as pessoas entendem melhor o mundo que está sendo oferecido.

É fato que o cenário mercadológico e, em especial, do marketing e da comunicação vêm mudando ao longo dos anos, e assim será sempre. Antigamente os consumidores tinham poucas opções de marcas e produtos. Atualmente, a diversidade de opções é significativamente maior.

A mídia tradicional com suas mensagens não consegue mais proporcionar os resultados esperados. É preciso ser mais agressivo, interativo e, principalmente, mais colaborativo, deixando o consumidor participar desse processo.

O consumidor quer interagir com o produto, e o ponto de venda é um excelente local para isso.

A propaganda antiga, toda poderosa da comunicação, mudou o seu papel: costuma-se dizer que a propaganda atual, tem um papel mais *soft*, que é informar, mostrar os atributos do produto, despertar o interesse, levar o consumidor até o ponto de venda, entre outros; enquanto que a promoção de vendas e o *mechandising* tem um papel mais *hardsale*, ou seja, e fechar a venda e aproximar o produto do consumidor.

A partir disso existe uma nova ordem de mercado que inverte o *Bellow de Line* versus *Above de Line,* ou seja, infla o volume de investimentos e a atenção dada para o Marketing Promocional.

Nos anos 1990, surgem as primeiras agências promocionais de peso, que brigam para dividir com as agências de publicidade o espaço do marketing e da verba do cliente. Mas, apenas nos anos 2000 que, com a evolução dos conceitos de comunicação, a eficiência e os resultados alcançados é que as ações promocionais ganham espaço e uma significativa fatia da verba do cliente. O Marketing Promocional passa a ser visto como indispensável.

No presente, da mesma maneira, o crescimento do mercado promocional caminha a passos largos. A área é beneficiada pelos avanços tecnológicos que, pouco a pouco, sofre menor resistência por parte dos usuários ao empregar todas as formas digitais disponíveis: SMS, iPhones, aplicativos web e redes sociais. Significa dizer que, a tecnologia não apenas controla campanhas, mas facilita a participação dos consumidores. Apesar disso, alguns pontos necessitam de ajustes como a Legislação Brasileira sobre Marketing Promocional, a qual já está ultrapassada e deve ser revista.

A campanha de Incentivos planejada a partir da necessidade dos clientes constitui, também, ferramenta básica do Marketing Promocional visando o fomento das vendas, reconhecimento do trabalho de equipe ou treinamento de forma lúdica. Aplica-se a qualquer atividade empresarial visando melhoria da produtividade e rentabilidade. Por outro lado, a essência do Marketing de Incentivo reside na valorização do ser humano.

A trajetória dos eventos corporativos nacional também apresenta crescimento e destaque expressivo no segmento global de eventos. É extenso o campo de eventos e acontecimentos que permitem explorações de âmbito comercial, na divulgação ou venda de produtos, bens, serviços e ideias. Isso significa que os eventos podem ser aproveitados pelas ações promocionais de forma direta com eventos próprios ou ainda indiretamente, as empresas patrocinam eventos já existentes que em certa medida se ajustam melhor ao perfil de seus clientes e consumidores.

Os autores reconhecem que por mais que quisessem, apenas um livro não seria capaz de descrever ou esgotar o tema suscitado pelo Marketing Promocional. Significa que apontar todos os benefícios, estratégias e as táticas para utilizar com total eficiência as ferramentas de Marketing Promocional seriam necessárias mais que uma coletânea de livros. Isso por uma razão: Marketing Promocional é algo vivo, que ganha força e se autodesenvolve enquanto está sendo executado.

Em termos de estudo e leitura foram apresentados os temas de maneira desmembrada. Porém na prática, tudo acontece junto e misturado. *Sampling* acompanhado de demonstradoras no ponto de venda, materiais de comunicação promocional ao lado de equipes treinadas e incentivadas a vender, sorteios de prêmios alinhados a vale-brindes com prêmios instantâneos, lançamentos de produtos em grandes eventos entre outros.

São pouquíssimas as ações promocionais que se baseiam em apenas uma mecânica para buscar os resultados propostos. Aqui, a máxima "a união faz a força" é algo que realmente deve ser levado em consideração, já que, muitas vezes, somente com a junção dos benefícios que cada uma dessas ferramentas oferece é possível alcançar os objetivos de vendas, aumento de mercado ou visibilidade.

É importante sempre pensar 360º, Full, Integrada, ou seja, a comunicação, de tal forma, que se considerem todos os momentos em que o *shopper* vivencia. Pensar na comunicação no ponto de venda para que ele repare no produto, uma promoção que desperte a urgência da compra, vendedores treinados e incentivados para efetivar a compra e, se possível, uma ferramenta de relacionamento eficiente para o momento de pós-venda. Somente assim, cercando o consumidor em todos os seus momentos de compra, pode-se garantir a eficiência da operação.

Recentemente os profissionais de marketing, mais conscientes dessa potência e relevância de suas ações estratégicas para o mercado, adotam o conceito chamado *Live Marketing* e tudo parece ficar mais claro. Isso porque o trabalho dos profissionais de marketing é ao vivo. Das ações e eventos, aos shows e *flash mobs*, das ativações no ponto de venda às promoções e ações inovadoras e surpreendentes que motivam e fazem as pessoas interagirem, da tecnologia nas mídias em redes sociais aos aplicativos web, o Marketing Promocional faz a gente *vivenciar* e experimentar marcas, produtos e serviços.

O *Live Marketing* é como um espelho que amplia as possibilidades de trabalho e melhor define a área promocional. O recente lançamento de uma revista com esta nomenclatura demonstra o comprometimento de profissionais do mercado dispostos a mostrar a que, de fato, vieram.

Assim o Marketing Promocional é algo vivo, já que não é possível refazer um evento porque o som falhou; repensar uma promoção porque o prêmio não agradou ao consumidor; ou pedir para torcedores voltarem no dia seguinte porque acabou a luz do estádio. Nosso negócio é marketing ao vivo!

O cliente não precisa mais ter dúvidas. O professor universitário, e os alunos de comunicação não precisam ficar confusos e o mercado e os promocitários podem se explicar melhor. *Live Marketing* significa o marketing vivo, ao vivo, que toca e interage com gente. Para fazê-lo é preciso ter *expertise,* conhecimento, coragem, disposição e formação, hoje ainda empírica.

É uma tendência à disseminação desse conceito e, sem dúvida, a consolidação da área promocional, finalmente por tudo que foi relatado aqui, passa a ter lugar de destaque, é um processo sem volta motivo de orgulho dos que ousaram fazer. Utilizando as palavras de um dos diretores da Ampro "Ao vivo é mais difícil, mas é muito melhor!".

ANEXO I

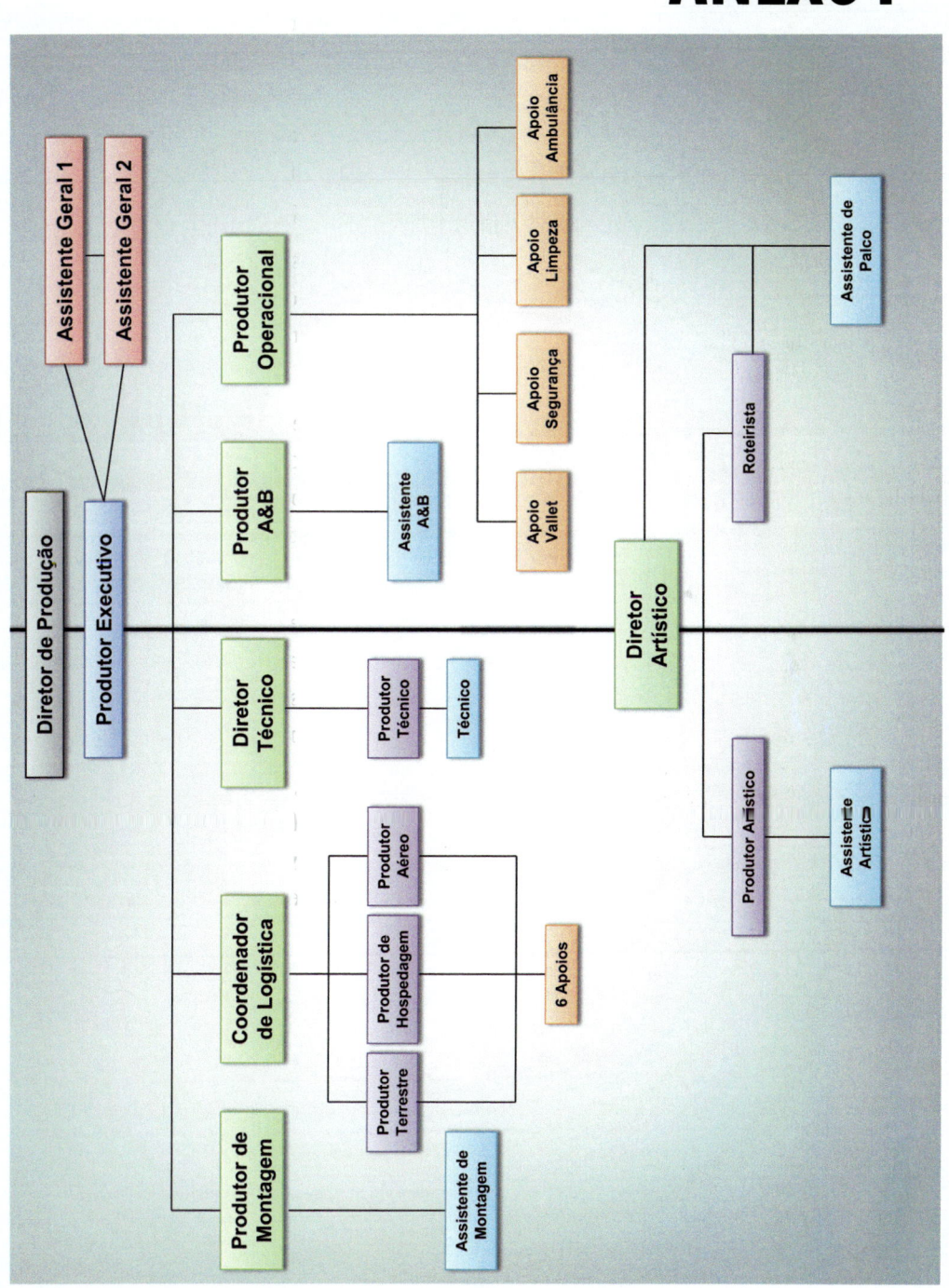

Fonte: Criado por Kito Mansano.

REFERÊNCIAS BIBLIOGRÁFICAS

BLESSA, Regina. *Merchandising no ponto de venda*. 3. ed. São Paulo: Atlas, 2005.

BRITTO, Janaína; FONTES, Nena. *Estratégias para eventos*: uma ótica do marketing e do turismo. São Paulo: Aleph, 2002.

BUENDÍA, Juan Manuel. *Organización de reuniones*: convencionioes, congresos y seminários. México: Trillas, 1991.

COSTA, Antonio Roque; CRESCITELLI, Edson. *Marketing promocional para mercados competitivos*. 1. ed. São Paulo: Atlas, 2003.

CALDEIRA, Gilmar. (Diretor da Top Service – Incentive Travel & Eventos.) Entrevista concedida à autora Teka Santovito em 15 jun. 2011, São Paulo, SP

CESCA, Cleusa Gertrudes Gimenes. *Organização de eventos*: manual para planejamento e execução. São Paulo: Summus, 1997

D'ANDREA, Rafael; CÔNSOLI, Matheus Alberto; GUISSONI, Leandro Angotti. *Shopper marketing*. 1. ed. São Paulo: Atlas, 2011.

DUPONT, Ana Paula. (Gerente de eventos Reed. Exhibitions/Alcantara Machado.) Entrevista concedida à autora Teka Santovito em 21 jun. 2011, São Paulo, SP.

EMBRATUR. *Eventos internacionais no Brasil* – Resultados 2003-2009 desafios para 2020, maio de 2010.

EMBRATUR. *Brasil destino turístico global*. Promoções do país no exterior: ações e resultados em 2008. Brasília, 2009.

FERRACCIÙ, João de Simoni Soderini. *Marketing promocional*: a evolução da promoção de vendas. 6. ed. São Paulo: Pearson Prentice Hall, 2007.

GERTRUDES, Ricardo. (Diretor de criação da XYZ.) Entrevista concedida à autora Teka Santovito em 8 set. 2011, São Paulo, SP.

GIÁCOMO, Cristina. *Tudo acaba em festa*. São Paulo: Página Aberta, 1993.

GONÇALVES, Carmem Lucia Alves. *Organização de eventos com arte e profissionalismo*. Fortaleza: SEBRAE/CE – Serviço de Apoio as Micro e Pequenas Empresas do Estado do Ceará, 1998.

KELLER, Kevin Lane. *Gestão estratégica de marcas*. 1. ed. São Paulo, Prentice-Hall, 2001.

KHAUAJA, Daniela. In: Revista Exame. *Vale a pena participar de feiras de negócios?* São Paulo. 10 fev. 2011. Disponível em: <http://www.revistaexame.com>.

KOTLER, Philip. *Administração de marketing*: a edição do novo milênio. 10. ed. São Paulo: Prentice Hall, 2000.

MATIAS, Marlene; MELLO, Armando Arruda Pereira de Campos. Desenvolvimento sustentável e gestão socioambiental em feiras. In: MATIAS, Marlene (org.) *Planejamento organização e sustentabilidade em eventos, sociais e esportivos*. São Paulo, Manole, 2011.

SENAC. Material de apoio ao aluno. *Organização de eventos*. São Paulo: SENAC, s.d.

SCHMITT, Bernd H. *Marketing Experimental*. Tradução: Sara Gedanke. São Paulo: Nobel, 2002.

SILVA, Joaquim Caldeira da. *Merchandising no varejo de bens de consumo*. 1. ed. São Paulo: Atlas, 1995.

UBRAFE – *Calendário UBRAFE 2011*: principais feiras de negócios do Brasil. São Paulo, 2010.

ZARATIN, Wagner. (Sócio diretor da F360.) Entrevista concedida à autora Teka Santovito em 4 ago. 2011, São Paulo, SP.

Consulta na Web

ALBUQUERQUE, Fabio. Eventos proprietários se firmam graças à consolidação de negócios relacionados ao mundo da música. 23 out. 2007. Disponível em: <http://gecorp.blogspot.com.br/2007/10/eventos-proprietrios-se-firmam-graas.html>. Acesso em: 19 jan. 2013.

CAMPOS MELLO, Maria Clara de. Ubrafe lança calendário de feiras 2011. In: Site Cidade de São Paulo. Disponível em: <http://www.cidadedesaopaulo.com/sp/br/noticias/1225-a-ubrafe--lancou-o-calendario-de-feiras-2011>. Acesso em: 19 fev. 2013.

EXAME. Marketing. Priscila Zuini. Vale a pena participar de feiras de negócios? São Paulo. 10/2/2011. Disponível em: < http://exame.abril.com.br/pme/dicas-de-especialista/noticias/vale-a-pena-participar-de-feiras-de-negocios>. Acesso em: 19 fev. 2013.

LUNA, Denise. BR dobra investimento em logística e foca em aeroportos da Copa. s/l. Notícias UOL. 29 ago. 2009. Disponível em: < http://economia.uol.com.br/ultimas-noticias/reuters/2011/08/29/br-dobra-investimento-em-logistica-e-foca-em-aeroportos-da-copa.jhtm>. Acesso em: 3 set. 2011.

MELLO, Bruno. Eventos corporativos passam por transformação. Pesquisa mostra evolução do segmento em apenas dois anos. In: Mundo do Marketing. 18 mai. 2010. Disponível em: <http://www.mundodomarketing.com.br/reportagens/promocao-e-eventos/14183/eventos--corporativos-passam-por-transformacao.html>. Acesso em: 19 fev. 2013.

MPI – Meeting Professionals International. *Eventos corporativos passam por transformação*. s/l. Disponível em: <http://www.mundodomarketing.com.br/imprimirmateria.php?id=14183>. Acesso: em nov. 2010.

MPI – Meeting Professionals International. *Pesquisa de análise de mercado*. s/l., 2010. Disponível em: <http://www.abeoc.org.br/tag/mpi/>. Acesso em: 17 nov. 2009.

RIZZO, Esmeralda. *Uma análise comparativa entre o marketing de massa e o "one to one" marketing, no cenário de empresas competitivas*. 2005. Disponível em: <http://www.labcom.ubi.pt/~bocc/pag/rizzo-esmeralda-analise-comparativa.pdf>. Acesso em: 9 nov. 2009.

Supermercado moderno. Disponível em: <www.sm.com.br>. Acesso em: 5 set. 2011.

VIANA, Gustavo. *Eventos ganham força dentro do marketing*. São Paulo, Gazeta Mercantil, 27 set. 2007, p. C6. Disponível em <http://www.nqm.com.br/index.php/login/clipping/93/?sel_pasta=251&sel_mes=9&sel_ano=2007&visualizar=10097476>. Acesso em: 19 fev. 2013.

YANAZE, Mitsuru Higuchi. *Gestão de marketing e comunicação*: avanços e aplicações. 2. ed. São Paulo: Saraiva, 2011.

 Este livro foi impresso na
LIS GRÁFICA E EDITORA LTDA.
Rua Felício Antônio Alves, 370 – Bonsucesso
CEP 07175-450 – Guarulhos – SP
Fone: (11) 3382-0777 – Fax: (11) 3382-0778
lisgrafica@lisgrafica.com.br – www.lisgrafica.com.br